U0009458

from

vision

from
148

創造力的修行：打開一切可能

The Creative Act: A Way of Being

作　者　里克・魯賓
Rick Rubin

第二編輯室
總 編 輯　林怡君
責任編輯　方　竹
美術編輯　簡廷昇
版型設計　許慈力
排　　版　薛美惠
翻　　譯　杜蘊慈
校　　對　袁一瑋
行銷企劃　陳奕心

出 版 者　大塊文化出版股份有限公司
台北市 105022 南京東路四段二十五號十一樓
www.locuspublishing.com
電子信箱　locus@locuspublishing.com
讀者服務　0800-006689
T E L　(02) 87123898
F A X　(02) 87123897
郵撥帳號　18955675
戶　　名　大塊文化出版股份有限公司
法律顧問　董安丹律師、顧慕堯律師

總 經 銷　大和書報圖書股份有限公司
新北市新莊區五工五路二號
T E L　(02) 89902588 (代表號)
F A X　(02) 22901658
初版一刷　2023 年 8 月
初版七刷　2024 年 7 月
定　　價　新台幣 480 元

Printed in Taiwan

國家圖書館出版品預行編目 (CIP) 資料

創造力的修行：打開一切可能 / 里克 . 魯賓 (Rick Rubin) 作 . -- 初版 . -- 臺北市：大塊文化出版股份有限公司 , 2023.08
面；　公分 . -- (From ; 148)

譯自 : The creative act : a way of being
ISBN 978-626-7317-55-6(平裝)

1.CST: 創造力 2.CST: 創造性思考

176.4　　112011188

創造力的修行
打開一切可能

The Creative Act
A Way of Being

里克・魯賓

與 尼爾・史特勞斯

創作藝術並不是目的，
而是要身處某種奇妙的狀態中；
這種狀態使得藝術必然生發。

羅伯特・亨萊（Robert Henri）[1]

1 譯註：美國畫家，一八六五～一九二九。

七十八種思考的領域

這本書所說的
沒有一件是既定的真理。
而是我對自己注意到的事物的思索——
與其說是事實，倒不如稱其為看法。

其中有些想法可能引起共鳴，
也有一些可能不會。
有些可能喚醒你內心原本已遭遺忘的
某種認識。
有益的，加以利用。
至於其他，就放手。

每一個這樣的時刻
都是一次邀請
開始更進一步探究：
更深入觀察，
焦距拉遠，或者推進。
打開所有可能
通往新的存在方式。

每個人都是創造者

⊙

未曾從事各類常見藝術的人，可能對於自稱藝術家頗為遲疑。他們可能認為創造力是一種非比尋常的事物，或者超出了他們的能力。覺得這是對生具天賦的少數人的召喚。

幸好事實並非如此。

創造力不是罕見的能力，並不難獲取。創造力是身為人類的本質之一。它是我們與生俱來的權利。而且屬於我們所有人。

創造力並不僅限於藝術創作。我們每天都在創造。

創造是將從前不存在的事物，在現實中產生出來。可能是一段對話、針對某個問題的解答、給朋友的一張字條、某個房間的家具重新布置、一條避免堵車的回家新路線。

你製造的事物並不一定要被目睹、被記錄、被出售、用玻璃框裱起來當作藝術作品。透過日常的存在狀態，我們已是最深刻的創造者，創造我們對現實的體驗，建構我們所感知的世界。

無時無刻，我們沉浸在一片沒有分化的物質領域中，我們的感官從中收集片段的訊息。但我們所感知的外部宇宙並非是如此存在的。是我們藉由一連串電氣與化學反應，於內在產生了一種現實。我們創造了森林與海洋、熱與冷。我們閱讀文字，聽見聲音，並形成解釋。然後在一瞬間，我們產生了反應。這一切都在我們自己創造的世界裡。

無論我們是否在正式創作藝術，我們都是以藝術家的身份而活。我們感知資料、過濾資料、收集資料，然後根據這一套訊息，為自己與他人擇取並創建一種體驗。無論我們這麼做是有意還是無意，只因為我們活著，這就已經是主動參與了持續的創造過程。

以藝術家的身份生活，是一種存身於世上的方式、一種感知的方式、一種集中注意力的練習，使我們的敏銳更精煉，與更微妙的音符同頻。找出吸引我們的事物，以及排拒我們的事物；注意哪種音色的情緒產生了，以及它們會引領我們去向何方。

藉由一次又一次校準了頻率的選擇，你的整個生活就是一種自我表達的形式。你是一個創造性的生命，存在於一個創造性的宇宙中。一件獨特的藝術品。

調整頻率

把宇宙想成永恆的、創造性的展現。

樹木開花。

細胞複製。

河流形成新的支流。

創造的能量使世界搏動，這個星球上的一切都由這種能量驅動。

這種展現裡的每一個現象，都在代表宇宙做著自己的工作，都是以自己的方式，並忠於自己的創造脈動。

就像樹木開花結果，人類創造藝術作品。金門大橋、《白色專輯》（White Album）[2]、《格爾尼卡》、聖索菲亞大教堂、人面獅身像、太空梭、德國高速公路、〈月光〉（Clair de lune）[3]、〈尊重〉（Respect）[4]、羅馬競技場、十字起、iPad、費城牛肉起司三明治。

你看看周圍，有這麼多了不起的成果值得欣賞。每一項都是人類忠於自己的表現，就像一隻蜂鳥築巢是忠於自己，一棵桃樹結果是忠於自己，一片雨雲下雨是忠於自己。

---

2 譯註：披頭四（The Beatles）樂團的第九張錄音室專輯，發行於一九六八年十一月二十二日。

3 譯註：法國作曲家德布西的鋼琴《貝加馬斯克組曲》第三樂章。

4 譯註：這首歌由美國靈魂樂歌手奧提斯．雷丁（Otis Redding）於一九六五年創作發行，艾瑞莎．佛蘭克林（Aretha Franklin）於一九六七年演唱發行。

每一個鳥巢、每一顆桃子、每一滴雨水、每一件偉大的作品，都是不一樣的。有些樹也許看起來比其他樹結出了更美的果實，有些人也許看起來比其他人造就了更偉大的作品。其味與美，取決於賞鑑者。

這片雲怎麼知道何時下雨？這棵樹怎麼知道春天何時到來？這只鳥怎麼知道該築新巢了？

宇宙運作猶如時鐘：

對每一件事物來說——
必有節候——
世間萬念，必有時刻
出生有時，死去有時
播種有時，收割有時
殺毀有時，治癒有時

歡笑有時，悲泣有時
建樹有時，推翻有時
起舞有時，哀悼有時
拋開石塊有時
收集石塊有時

這些節奏並不是由我們設定的。我們都在參與一項更大的創造力的修行，但它不是由我們指揮；我們是被指揮的。那位負責指揮的藝術家遵循宇宙的時間表，就像自然中的萬事萬物。

如果你有了一個令你感到激動的主意，卻沒有加以實現，那麼這個主意會透過其他創造者發聲，這種情況並不少見。並不是其他藝術家偷了你的主意，而是屬於這個主意的時刻已經到來。

在這宏偉的展現裡，念頭與思想、主題與歌，以及其他的藝術作品，存在於宇宙的以太中，如期成熟，已經準備好在實體世界中找到自己的表達。

我們身為藝術家，該做的是將這些資料記錄、轉化、分享。宇宙發出訊息，我們都是這些訊息的譯者。最好的藝術家，通常都有最靈敏的天線，用以吸取在特定時刻產生共鳴的能量。許多偉大的藝術家起初長出靈敏的天線並非為了創作，而是為了保護自己。他們必須保護自己，因為他們對一切事物都感受更深；一切的痛楚更甚。

⊙

藝術通常是在運動中產生的。包浩斯建築、抽象表現主義、法國新浪潮電影、「垮掉的一代」詩歌、龐克搖滾，都是最近歷史上的一些例子。這些運動像波浪湧現，有些藝術家能夠識別這種文化，從中找到自己的位置，駕馭這股浪潮。其他人可能看見了這股浪潮，選擇逆流而行。

我們都是創造性思維的天線。有些訊號很強，有些微弱得多。如果你的天線沒有調整得靈敏，你就可能無法在一片噪音裡接收訊息，尤其因為這些訊號往往比我們以感官收集的內容更精微。這些訊號更像是能量，而非實體感覺，是以直覺感知而來，而非有意識地記錄而來。

大多數時候，我們以五感收集世上的訊息。至於以更高頻率傳送的訊息，則讓我們連結到富有能量的內容，這些內容是無法以物理方式捕捉的。它違背了邏輯，就像一個電子能夠同時出現在兩個地方。這種不可捉摸的能量極有價值，但是開放得足以掌握它的人卻很少。

那麼，我們該如何察覺一個我們聽不到又無法定義的訊號呢？答案就是不要刻意尋找。也不要試圖預測或者分析我們遇見它的方式。我們要創造一個開放的空間，允許它進入。這個空間沒有我們日常過於擁擠的心靈狀態，運作猶如真空，吸收宇宙提供的一切想法。

這種無拘無束並不如想像中那樣難以企及。我們都是從它開始的。我們在兒時，從接收想法到加以內化，我們遇到的干擾比日後少得多。我們欣然接受新的訊息，而非將我們相信的事物與其互相比較；我們活在當下，而非憂慮未來的後果；我們是隨興所至，而非傾向分析；我們好奇，而非厭倦。即使面對生活中最普通的經歷，也是讚歎。深刻的哀傷與強烈的興奮可能不時交替出現。沒有偽裝，也不賦予故事多餘的寓意。

能夠在一生中持續創造偉大作品的藝術家，往往能夠保持這些孩子般的特質。練習一種存在的方式，這種方式可以讓你透過純真無玷的雙眼觀看世界，如此一來，你就能無拘無束，與宇宙的時間表相呼應。

某些想法到來自有其時，
它們會找到一種方法
透過我們表達自己。

創造力的來源

⊙

我們是從一切開始的：
看到的一切，
完成的一切，
想到的一切，
感受的一切，
想像的一切，

遺忘的一切，
還有未曾言說、未曾起念
靜息在我們深處的一切。

這是我們的原始材料，我們從它建立起每一個創造的時刻。這個內容，並非來自我們的內在。**源頭**（The Source）存在於外界。它是一種圍繞著我們的智慧：一種永不枯竭、取之不盡的奉獻。

我們可能感知它，或者憶起它，或者調整自己與之同頻。不僅僅透過我們的經歷，它也可能是夢，是直覺，是潛意識的碎片，或者是仍然未知的方式，讓外在找到進入內在的路徑。

對心靈來說，這種材料似乎來自內在。但這只是一種錯覺。**源頭**浩瀚，我們內部儲存著它的細小碎片。這些珍貴的絲絲縷縷從無意識中升起，猶如水汽，凝結成一個念頭。一個主意。

⊙

把**源頭**想像成一朵雲，可能有助於理解。

雲永遠不會真正消失。它們改變型態。它們變成雨，然後成為海洋的一部份，再蒸發，回到雲的型態。

藝術也是如此。

藝術是具有能量的點子的循環。每次它們重新出現的組合方式都不一樣，這就使得它們看起來是新的。每朵雲都是不一樣的。

這就是為什麼，當我們被一件新的藝術品打動時，它可以引起我們在更深層次上的共鳴。也許它是熟悉的事物，以一種陌生的型態與我們重逢，也可能是一種我們並沒有意識到自己正在尋找的未知之物。它是一幅沒有盡頭的拼圖中所缺失的一塊。

將事物從想法
轉變為現實，
能讓它看起來小一點。
從出世變成現世。

想像沒有限制。
但實體世界有。
作品同時存在於這兩者中。

覺知

在大多數日常活動中，我們選擇事項、制定策略，以完成手頭目標。我們創造這樣的程序。

覺知的運行則不同。環繞著我們，有程序在發生。世界是行動者，我們是旁觀者。我們對其內容幾乎沒有或根本無法控制。

天賦的覺知讓我們能夠注意到自己周圍與內心此刻正在發生的事物。而且我們覺知的時候，沒有任何罣礙或牽連。我們可以觀察身體的官能、剎那間的想法與感受、聲音或視覺的提示、氣息與味道。

透過超然的觀察，覺知使得一朵被觀察的花在沒有我們干預的情況下，更加展現自己。所有事物都是如此。

覺知並非一種由你強加的狀態。雖然覺知的關鍵是要持之以恆，但其中並不花什麼力氣。它是你主動允許發生的事情。它是接納永恆的當下所發生的一切，並與其同在。

一旦你為**源頭**的某個面向貼上標籤，你就不再觀察它了，而是在研究它。這也適用於任何讓你與覺知對象失去聯繫的想法，無論是想對覺知對象進行分析，或僅僅只是發覺自己在覺知它。分析是次要的功能，首要發生的是覺知，它是你與關注對象之間的純粹連結。如果某件事物讓我感到有趣或美麗，首先我會徹底體驗這件經歷。在這之後，也許我才會試著了解它。

雖然我們不能改變自己正在觀察的事物，但是我們能改變我們觀察的能力。

我們可以擴展自己的覺知，也可以縮窄，可以張開雙眼或者閉上眼睛體驗它。我們可以讓自己的內在安靜下來，這樣就可以察覺更多的外在，或者讓外在安靜下來，這樣就可以注意到更多內在正在發生的事物。

我們可以拉近焦距、放大某件事物，讓它不再有足以辨別的特徵，或者拉遠、縮小，讓它看起來就像全新的東西。

宇宙的大小，只取決於我們的認知。當我們培養自己的覺知，我們就是在擴展宇宙。

這不僅擴大了供我們創造取用的材料範圍，也擴大了我們能夠經歷的生活範圍。

深入觀察的能力，
是創造力的根源。
看透平凡普通的事物，
得到原本可能是隱形的一切。

載體與濾器

⊙

每個人內在都有一座容器。它不斷被填滿了訊息。它保存了我們的想法、感受、夢，以及在世上的經歷的總和。在此我們就把它叫做載體（the vessel）。

訊息並不是像雨滴落入水桶一樣直接進入這個載體。它是先以每個人的獨特方式加以過濾的。

並非每件事物都能通過你的濾器。通過的事物也未必總是忠於原貌。

我們每個人都有自己的方法將**源頭**縮減。我們的記憶空間是有限的。我們的感官經常誤解訊息。對於我們周遭的訊息，我們的心靈沒有全部接納的處理能力。光線、顏色、聲音、氣味，都能令我們的感官疲於應付。我們可能無法從兩件物體之間分辨彼此。

為了在這個浩瀚的訊息世界中找到方向，我們很早就學會了專注在看似必要的訊息上，或者某些特殊的主題上，然後把其他都排除在頻率之外。

我們身為藝術家，要設法恢復我們如孩子般的感知力：一種更天真的、讚歎與欣賞的狀態，不受功利與生存束縛。

我們的濾器免不了縮減**源頭**的智慧，其方式是對到來的訊息加以解釋，而非讓它自由通過。當載體裝滿了這種重鑄的碎片，就會以收集到的材料創建出關聯。

這些關聯會產生信仰與故事。也許是關於我們是誰，關於我們周遭的人們，關於我們生活的世界的本質。最終，這些故事會聚合成一種世界觀。

身為藝術家，我們要將這些故事視為鴻毛，並在我們信仰體系的範圍內騰出空間，來容納那些難以被框架的海量資訊。我們能夠接納的原始訊息愈多，並且對其加工愈少，我們就愈接近自然。

⊙

我們可以把創造力的修行看作取用我們載體中的內容總和，將其當成可用的材料，挑選當下看來有用或者有意義的元素，然後將它們表現出來。

這就是**源頭**通過我們被轉化成書籍、電影、建築、繪畫、餐點、生意——我們著手創建的一切。

如果我們選擇分享自己創建的事物，我們的作品就能循環，成為別人的源頭材料。

源頭可取用。

濾器加以蒸餾。

載體接納。

而這通常不是我們能控制的。

要是能了解我們可以規避這種預設系統，這會很有幫助。經由訓練，我們可以改善我們與**源頭**的接口，從根本上擴大載體的接納能力。要改變音樂的聲響，更動樂器未必是最簡易的方式，卻有可能是最有力的。

無論你使用什麼工具去創造，
真正的器具是你自己。
通過你，
圍繞著我們的宇宙
全然成為焦點。

看不見的世界

⊙

按照一般的定義，藝術的目的是創造實體或數位產品——讓架子上擺滿陶器、書籍、唱片。

然而最終的作品其實是一種更大的欲望的副產品，不過藝術家通常沒有注意到這一點。我們創作，並非為了製造或銷售物質產品。創作是為了進入一個神祕的領域、一種超越的渴望。我們創作的事物，讓我們與他人一起瞥見某種內在景觀，一種在我們理解範圍之外的內在景觀。

藝術是我們的一扇門，通往一個看不見的世界。

如果沒有靈性成份，藝術家的工作會有一種決定性的缺陷。靈性世界提供一種讚歎感，以及某種程度的開放心靈，這在科學的範疇內並不常見。理性的世界有時很狹窄，充滿了死胡同，而靈性的視角是沒有限制的，帶來各種奇妙的可能；看不見的世界是無邊的。

「靈性」這個詞，對於主要與理智為伍的人來說，或對於那些將靈性等同於有組織的宗教的人來說，可能無法引起什麼共鳴。如果你傾向於只將靈性視為相信與某人某事的聯繫，那也很好。如果你選擇將靈性視為相信魔法，那也沒問題。我們相信的事物會攜帶電荷，無論這些事物是否能被證實。

靈性的修行是觀察某個世界的方式，你在那個世界裡並不孤單。表面之下有更深的意義。你周圍的能量可以用來提升你的工作。你屬於某種無法解釋的、更大的事物——那是一個具有眾多可能的世界。

在你的創造過程中，利用這種能量，這非常有用。其原則是以信心為基礎。要信，並且一舉一動都以其為真，不需要任何證明。

當你著手於一件作品的時候，你可能會發現，明顯的巧合出現的次數超過了隨機性所允許的——幾乎像是有一只手在引導你，朝著某個方向前進。彷彿有一種內在的知覺，正在輕柔地向你的行動告知。信心讓你能夠信任這個方向，而不需要了解它。

尤其要注意那些令你屏息的時刻——一次美麗的落日、一種不尋常的瞳色、一段動人的音樂、一部複雜機械的簡潔設計。

如果一件作品、一個意識片段、自然界的一種元素，讓我們接觸到更大的事物，那就是它的靈性成份的體現。它獎勵我們瞥見了看不見的世界。

科學最終趕上藝術，
這並不罕見。
藝術趕上靈性的事物，
也一樣並不罕見。

尋找線索

⊙

我們周圍處處都是工作的材料。交織在對話、自然、偶遇，以及現有的藝術作品中。

在尋求創作性問題的解決方法時，要密切注意你周圍正在發生的一切。尋找指向新方法或者進一步擴展現有點子的線索。

某位作家可能正在咖啡店裡創作一個場景，但是不確定其中一個人物接下來要說什麼。他可能從周圍其他人的閒聊中聽見一句話，於是直接有了答案，或者至少瞥見了可能的方向。

如果我們對這些類型的訊息保持開放，我們就能一直接收到它們。我們可能在讀一本書的時候，發現一句話躍入眼簾，或者看一部電影的時候，注意到一句台詞驅使我們暫停並倒帶。有時候，這就是我們正在尋找的答案。或者它是迴響，是在其他地方不斷重複的某個想法的迴響——要求我們更加注意，或者肯定我們所在的道路。

這些傳達都是微妙的：它們無處不在，但是很容易錯過。如果我們不尋找線索，它們就會與我們擦肩而過，而我們毫無所覺。我們應當留心事物之間的關聯，並去思考它們可能引領我們走向何方。

當某些不尋常的事情發生，問問自己這是為什麼。其訊息是什麼？更宏大的意義可能是什麼？

這個過程並不是一門科學。我們無法控制線索，也無法以意志加以揭露。有時候，強烈的意圖有助於尋找特定的答案，或確認特定的道路。

而其他時候，完全放棄那個意圖可能有助於你找到自己的方向。

藝術家的工作中有一個重要的部份，就是破解這些訊號。你愈開放，你發現的線索就愈多，而且你需要動用的力氣就愈少。也許你就能思考得少一點，開始倚賴你內心浮現的答案。

你可以把外在世界想像成一條輸送帶，上面有源源不斷的小包裹。第一步是注意到輸送帶。然後你隨時可以拿起一個小包裹，打開來，看看裡面是什麼。

一個可能有用的練習是隨意翻開一本書，閱讀你看到的第一行。觀察那裡所寫的文字如何與你的情況有所關聯。它所具有的關聯性可能僅僅是巧合，但你也可以允許另一種可能性：巧合之外還有其他因素在起作用。有一次，我的闌尾破裂了，診斷的醫生堅持我必須立刻住院動手術。醫生告訴我，除此別無選擇。結果我到了附近一家書店，靠前面的一張桌子上，安德魯·威爾醫生（Dr. Andrew Weil）的一本新書十分醒目。

我把它拿起來，讓它自然打開。我的眼睛看到的第一段話是：如果醫生要切除你的身體某部位，並且告訴你這個東西沒有任何功能，千萬別信。在那一刻，我需要的訊息出現了。現在我的闌尾還在。

線索出現的時候，有時感覺像是時鐘的精巧機能在運作。彷彿宇宙輕輕推了你一下，提醒你，它在你身邊，想要提供你完成任務所需的一切。

尋找你有留意
但別人沒有發現的東西。

修行

⊙

在野外，動物為了生存，必須縮窄自己的視野。集中焦點，可以預防從關鍵需求上分心。

食物、

棲身之所、

天敵、

繁殖。

對藝術家來說，這種條件反射的行為可能是一種障礙。擴大一個人的視野可以讓更多有意思的時刻被注意到、被收集起來，從而建立一座材料的寶庫，以備取用。

有一種「修行」（practice），是讓探索概念這件事具體化。這可以支援我們實現理想的心靈狀態。當我們一再練習向事物開放自己的感官，我們就更能生活在持續開放的狀態中。我們會養成一個習慣，在這個習慣下，擴展的覺知就是我們在世上的預設存在方式。

加深這種修行，就是開始與**源頭**建立更深刻的關係。當我們降低自己的濾器的干擾，我們就更能識別周圍的節奏與動作。這讓我們以更和諧的方式參與其中。

當我們注意到地球的循環，並選擇按照它的季節生活，就會有神奇的事情發生。我們產生連結。

我們開始看到，自己成為一個不斷更新的整體的一部份。接著我們可以加入這一股全能的傳導力，乘上它的創造浪潮。

⊙

為了幫助自己修行，我們也許可以制定一份每日時間表，在每天或一週中的特定時間進行特定儀式。

我們從事的活動不需要太隆重。小儀式就能帶來很大的不同。

我們可以決定每天早上醒來時慢慢深呼吸三次。如此簡單的動作就能設定一種方向，讓我們以靜止、集中、處於當下的心態，去開始每一天。

我們還可以用心吃飯，以欣賞的心情慢慢品味每一口食物。每天在大自然中散步，懷著感激與連結，觀看進入視野中的一切。在睡前，花一點時間讚歎自己的心跳，以及血液在血管中流動的感覺。

這些日常練習的目的並不一定是這些行為本身，就像冥想的目的不在於冥想。它們的目的是讓我們在沒有從事這些行為的時候，我們看待世界的方式也能夠演進。我們是在建構心靈的肌肉系統，使之更精準協調。這就是這項工作的意義所在。

覺知須要不斷恢復振作。即使甚至它成為了一種習慣，一種好習慣，也須要一次又一次被煥然一新。

直到某一天，你發現自己一直在修行覺知，隨時隨地，生活在一種持續開放與接納的狀態中。

當個藝術家來生活，這是一種修行。
你要不正在從事這種修行
要不就沒有。

說你不擅長這件事，這是沒有道理的。
就好像說「我不擅長當一個和尚。」
你要不是當了和尚在生活，要不就不是。

我們通常會將藝術家的作品
視為他們的產出。

但藝術家真正的作品，
是一種在這個世界上的生活方式。

沉浸（偉大的作品）

⊙

擴大我們的覺知修行，這是我們隨時可以做出的選擇。這不是一種尋找，儘管它是由好奇或渴望引發的。渴望看見美麗的事物、聽見美麗的聲音、感受更深的感覺。渴望學習，渴望不斷感到著迷與驚喜。

為了滿足這種強大的本能，可考慮將自己沉浸在真正偉大的經典之中。閱讀最好的文學作品、觀看電影傑作、近距離接觸最有影響力的繪畫、參觀建築地標。這沒有標準名單，對於偉大，每個人判斷的標準各不相同。「經典」，會隨著時間與空間不斷變化。儘管如此，接觸偉大的藝術就是一份邀請。它吸引我們上前，並打開可能性的大門。

如果你選擇每天閱讀經典文學而非看新聞，如此持續一年，那麼在這一年結束後，你就有了更敏銳的感受力，能夠從書中辨認出何謂偉大，而非從媒體中。

這適用於我們做的每一個選擇。不只是藝術，還有我們選擇的朋友、我們的對話，甚至我們思索的念頭。所有這些方面都影響我們的能力，能夠區分「好」還是「非常好」，區分「非常好」還是「偉大」。所有這些方面幫助我們決定，哪些事物值得我們的時間與關注。

因為有無窮的資料供我們取用，而我們的頻寬有限，必須養護，所以對於我們允許接納的資料品質，我們可能得仔細挑選。

當你的目標是創造意義持久的藝術，這一點固然適用。即使你的目標是製作速食，如果你在過程中品嘗了自己所能吃到最好、最新鮮的食品，你的速食也很可能味道更好；提升你的品味。

這種挑選的目的並非學習模仿，而是校準我們的內在對於偉大的衡量標準。這樣我們能更好地做出成千上萬的選擇，這些選擇最終可能造就我們自己的偉大作品。

以大自然為師

⊙

在我們得以體驗的一切偉大作品中，最純粹經久的是大自然。我們目睹它在四季的變化。我們在山脈、海洋、沙漠、森林中看見它。我們每天晚上能夠觀察到月亮的變化，以及月亮與星辰之間的關係。

在戶外，讚歎與靈感永不匱乏。如果我們將一生奉獻於觀察自然光影隨著時間變化，我們會不斷發現新的事物。

我們不一定要了解大自然才能欣賞它。所有事物都是如此，只需注意某些極美的事物令你屏息的時刻。

也許是望見成列鳥兒在天空暮色中蜿蜒而過，也許是站在一棵樹齡數千年的巨杉腳下讚歎。大自然有如許智慧，當我們注意到它，它就喚醒了我們心中的可能。正是透過與大自然的交流，我們才更接近自己的本性。

如果你根據一本 Pantone 色卡挑選顏色，你就受限於一定數量的選擇。如果你走進大自然，調色盤就是無窮的。每一塊岩石都有這麼多的顏色變化，我們永遠找不到任何一罐顏料以模仿一模一樣的色調。

大自然超越了我們做標記、分類、減少與限制的傾向。自然世界比我們所知的更豐富、更錯綜、更複雜，無可蠡測，也更神祕，更美。

加深我們與大自然的連結，對我們的精神有益，而對我們的精神有益的事物，也終將有益於我們的藝術表達。

我們愈接近自然世界，就愈快開始明白我們並不是分離的存在。而且，在我們創造的時候，我們不僅僅是在表達自己的獨特個體性，也在表達我們與無窮一元的無縫連結。

我們受吸引而凝視海洋
是有原因的。
據說比起鏡子
海洋更能反映出
我們是誰。

一切都不是靜止的

⊙

這個世界一直在變化。

你在同一個地點，連續五天，從事相同的覺知修行，每次都能得到不同的體驗。

每次出現的也許是不同的聲音，不同的氣味。每一絲風的感覺都不完全一樣。每天、每分鐘，陽光的色調與特質都在變化。

在豐富的大自然中，各種變化是很容易被注意到的。有些是呼喊，有些是低語。即使某項元素看似靜止，無論它是博物館裡的藝術品，還是廚房裡的日常用品，當我們深入觀察它，我們還是能看出一種新意。我們辨認出之前沒有注意到的面向。一遍又一遍重讀同一本書，我們可能發現新的主題、暗流、細節與關聯。

你不可能重複步入同一條小溪，因為溪水一直流動。一切都是如此。世界在不斷變化，所以，無論我們多麼頻繁練習集中注意力，總是有新的事物有待注意。這取決於我們是否能找到它。

同樣，我們總是在變化、成長、演進。我們學習，也遺忘。我們經歷不同的情緒、想法和無意識的歷程。我們的身體細胞死去，再生。沒有人一整天都是同一個人。

即使外在世界保持不變，我們接納的訊息依然是不斷變化的。我們呈現的作品也是如此。

今天做出某件事物的人
與明天繼續著手的
不是同一個人。

內觀

⊙

可以聽見遠處水花翻騰的聲音。

我感到一陣風，可能是暖風，不過很難說，因為我手臂上的汗毛感覺到的是涼爽。

兩隻鳥正在鳴唱，我閉著雙眼，辨認出它倆大約在我後方五十步的位置，而且在我的右方。

現在有一隻比較小的鳥，或至少是鳴叫聲比較小而音調較高的一隻鳥，加入了這片聲景，在我左後方。從牠們的節奏互動看來，這些鳥並不是在對話；每隻都在唱自己的歌。

我注意到一輛車經過的聲響，還有遠處孩子們的聲音。一陣飄忽的節奏音樂從正左方傳來。

我的左臉有點癢，就在耳朵前邊。

一輛聲響比較大而重的汽車經過，一小段爵士樂出現在更接近我的位置。現在我才想起來，稍早我把音樂打開，音量調得很低，直到此刻才聽清。

有人來了。我張開雙眼。一切都消失了。

人們通常認為，生活是一連串的外在經歷。而且我們的生活必須是從外在看來不平凡的，才能有點東西可以分享；我們內在世界的體驗經常被完全忽略。

如果我們專注於自己內在正在進行的一切——感受、情緒、思緒的節奏——就能找到豐富的素材。我們的內在世界其實與大自然一樣有趣、美麗、令人驚喜。畢竟它是來自大自然的。

當我們進入內在，我們就是在處理此時外在發生的一切。我們不再是分離的；我們是連結的；我們是一體。

最終，無論你的內容源自內在還是外在，都沒有區別。如果你腦中浮現某種美好的思緒或者一句話，或者你看見一場美麗的落日，這一切的好都是無分軒輊。兩者一樣美麗，以不同的方式。我們永遠擁有超乎自己所覺的更多選擇，這樣想是很有益的。

回憶與潛意識

⊙

歌手在第一次接觸新的樂器伴奏曲時，有些人會不加思索與準備，直接錄下當時嘴裡唱出來的聲音。

通常他們隨意唱一些單字，或者根本不是字的聲音。從一些毫無意義的嘰哩咕嚕，展開一個故事，或者出現一些關鍵詞語，這種情況並不少見。

在這個過程中，並沒有主動嘗試的創作。這樣的作品是在潛意識層面上創造出來的。材料隱存於內心。

有一些練習可以幫助你進入內心深處的這口井。比如你可以嘗試一種發洩憤怒的練習，就是拳打枕頭五分鐘。這個練習可能比你想像的要困難，很難堅持到最後。給自己計時，用力去做。然後馬上寫下所有傾洩而出的東西，寫滿五頁。

目的是不要去想它，避免以任何方式引導內容。只要寫下所有爆發出來的文字。

在我們的潛意識中，有著一個含量豐富的高品質訊息庫，找出獲取的方法，就能激發新的素材，可為我們所用。

心靈能夠接觸萬有的智慧，這智慧比我們有意識地思考得來的東西更加深邃。它提供了一個限制大為減少的視野；一種猶如海洋的泉源。

我們不知道它是如何運行，也不知道它為何運行，但是許多藝術家在並不知道運行過程為何的情況下，純粹藉著進入潛意識，投身於某些超越自己的東西。

通常，達到這種狀態不是我們能控制的。有些藝術家在發燒超過四十度的時候創造出自己最好的作品。這些恍惚的狀態繞過了大腦的思考部位，進入夢境。

在清醒與睡眠之中的過渡狀態，存在著極大的智慧。就在你睡著之前，腦中浮現了哪些思緒與想法？你從夢中醒來的時候，有何感覺？

在西藏夢瑜珈的智慧傳統中，喇嘛說，夢境與清醒狀態一樣真實——或者也可說是一樣不真實。

將夢境寫成記錄可能會有用處。在床邊備好紙筆，你一醒來，在做其他事之前，馬上盡可能將夢境細節寫下來。儘量限制不必要的動作。哪怕只是轉頭都會讓夢境從已儲存的記憶中消失。

你在寫下夢境時，畫面會擴展，你會記起更多，更多背景，更多細節，比你一開始提筆時更多。這種練習你做得愈多、每天早上做，你就愈能回憶起自己的夢。在入睡前懷著要記住夢境的念頭，可能也有幫助。

回憶也可能如夢一般。它們更像是一個浪漫的故事，而非生活事件的忠實記錄。在這些關於自己過往的如夢回憶中，也有很好的內容。

還有一件有用的工具是隨機性——或者說得更準確一點，是表面上的隨機性，因為在與我們理解不同的層面上，也許已經有安排。

比如，卜卦的時候，我們無法控制這些小棍子或者錢幣落地的情況。但是透過它們，我們得到了可以幫助做決定的訊息，；我們再次繞過了我們的意識，也許是借鑒了更大的智慧。

它一直存在

⊙

太陽對我有強烈影響。陽光燦爛的日子裡，我感到精力充沛。陰沉的日子裡，我也是陰沉的。

多雲的日子裡，我明白太陽還在，這對我有點幫助。它只是躲在比較厚的雲層後面。到了正午，無論是晴是陰，太陽都高掛在正中天。

同樣地，無論我們關注程度如何，我們尋找的訊息一直存在。如果我們感知到了，我們就能校準頻率，接收更多。如果我們沒有感知，我們就會錯過。

當我們錯過，它就真的從我們身邊溜走了。明天又有感知的機會，但永遠不會是同樣的感知。

環境

我們受到周遭事物的影響。找到最好的環境以建立清晰的頻道，這是很個人的事，也是需要測試的。這也取決於你的意圖。

與世隔絕的地方，比如森林、寺院、大海中央的一艘帆船，都是接收宇宙直接訊號的好地點。

如果你想與集體意識同頻，你可以在一個忙碌的地點坐下，周圍人群來來往往，而你體驗到透過人類過濾的**源頭**。這種間接的方法也同樣有效。

更進一步則可能是投入文化本身，持續體驗藝術、娛樂、新聞、社交媒體，同時注意宇宙正在推動的形式。

觀察文化中的潮流，但並不覺得必須跟隨它的方向，這樣是有益的。就像留意到一陣暖風那樣，以連結亦超然的方式，去留意這些潮流；讓你自己在它之中流動，但並不「屬於」它。

一個人有所連結的地方，對他人來說可能是分心之處。在你的藝術創造過程中，不同的環境可能在不同的節點才是對的。據說安迪・沃荷（Andy Warhol）在創作時同時開著電視、收音機與電唱機。對阿姆（Eminem）來說，一部電視機的聲響是他寫歌時的首選背景音。馬塞爾・普魯斯特（Marcel Proust）把房間牆上貼滿隔音軟木，拉緊窗簾，戴上耳塞。卡夫卡對於安靜無聲的要求也到了極致——他說過，「不是像個隱士」，而是「像個死人」。沒有錯的方法。只有你自己的方法。

聽從宇宙所傳播的精微能量訊息並不容易，尤其是當你的家人親友、同事，或對你的創造力感興趣的商業人士向你提出看似理性的建議，而這些建議異於你的直覺時。到目前為止，我一直盡我所能，聽從自己的直覺做出事業上的轉變，而且每次別人都建議我不要這麼做。要明白聽從宇宙比聽從你周圍的人來得好，這一點很有幫助。

干擾也可能來自內在的聲音。你腦中的聲音呢喃著你的天賦不夠，你的點子不夠好，藝術不值得你投入時間，成果不會被接受，如果你的創作不成功你就是失敗者。把這些聲音調小，這會有幫助，這樣你就能聽見宇宙時鐘的叮噹聲，提醒你，時候到了。

你參與的時候到了。

自我懷疑

⊙

自我懷疑存在於每個人的心中。雖然我們可能希望它消失，但它存在是為我們服務的。

缺陷是人的本性，而藝術的魅力就在於其中的人性。如果我們像機器一樣，藝術就不會引起共鳴，會變得毫無靈魂。痛苦、不安全感、恐懼，都是隨著生命而來的。

我們都與眾不同，也都不完美，而使我們每個人以及作品有趣起來的正是我們的不完美。我們創造的作品反映了我們是什麼人，而既然不安全感也是我們身而為人的一部份，那麼我們的作品也會因此具有更多的真實。

創作藝術並不是一種競爭。我們的作品代表自我。如果你說「我無法面對這項挑戰」，那麼你就錯了。當然，你可能需要琢磨你的技能，才能完全實現你的想像。但如果你無法面對這項挑戰，那就沒有人做得到了。只有你可以。沒有人擁有你的聲音，只有你。

選擇做藝術的人很多時候是最脆弱的。世人咸認為最偉大的某些歌手，卻連強迫自己聆聽自己的歌聲都做不到。而且這種情況並非罕見的例外。許多不同領域的藝術家都有類似的難題。

敏銳使得他們能夠創作藝術，但這份敏銳也是脆弱，使得他們面對評判時更易受傷。雖然是這樣，很多藝術家依然冒著受到批評的風險，繼續與大眾分享自己的作品。彷彿他們沒有其它選擇。他們天生就是要當藝術家，而藝術家正是因自我表達而完整。

如果某位創作者恐懼評判以至於無法前進，可能是因為分享作品的欲望比不上保護自己的欲望那麼強烈。也許藝術並不適合他。他的特質可能適合其他追求。這條路並非每個人都能走。逆境也是過程的一部份。

並非因為我們有某種天份或技能，就必須服從這種召喚。值得記住的是，我們得以創作，這是一種幸運。這是一種特權。我們是在選擇它，而不是被誰命令去做它。如果我們選擇不做，那就不做。

有些成功的藝術家非常缺乏安全感，他們自毀、藥癮纏身，或在創作與分享作品的時候遭遇其他障礙。不健康的自我形象或者艱辛生活可能可以澆灌出偉大的藝術，開創一道洞察力與情感的深泉，供藝術家汲取。但也可能阻礙藝術家，使其在很長一段時間裡無法大量創作。

在這方面遭遇到困難的人，通常無法持續產生有創意的作品。這不是因為他們在藝術上沒有能力，而是因為他們只能偶爾一兩次突破自我的難關，來分享偉大的作品。

這麼多藝術家吸毒過量而英年早逝的一個原因，就是他們以藥物麻痺自己極為痛苦的生存狀態。而他們痛苦的原因，也正是他們起初成為藝術家的原因：不可思議的敏銳。

如果你能看見巨大的美或巨大的痛苦，而其他人能看見的很少或者根本看不見，那麼你就會一直面臨強烈的感受。這些情緒可能令人迷惑，不知所措。當你周圍的人都看不見你所看見的、感覺不到你所感覺的，這會導致疏離感，以及一種經常沒有歸屬的感受，一種異類的感受。

這些強烈的感情，表現在作品時是充滿力量的，但它們也是烏雲，必須加以麻痺才能讓創作者睡著，或者才能在早上爬起來面對一天。這是一種天賜的祝福，也是詛咒。

給它一個名字

⊙

雖然自我懷疑的情緒暗流對藝術有好處，但也可能干擾創作過程。開始一件作品、完成一件作品、分享一件作品，這些都是我們當中許多人陷入困境的關鍵時刻。

掛慮著這些自我懷疑的故事，我們該如何前進呢？

最佳策略之一是降低賭注。

我們往往認為自己正在做的事是我們一生中最重要的，而且它將永遠定義我們。不妨考慮帶著更精確的觀點前進，把它看成一件小事，一個開始。我們的任務是完成這一件，這樣就能繼續下一個。而下一個又是之後工作的墊腳石。在你的整個創作生涯中，就這樣以產出的節奏繼續下去。

一切藝術都是正在進行中的作品。把我們正在做的作品當作實驗，這樣會有幫助。實驗是我們無法預測結果的。無論結果為何，我們都能得到有用的資訊，這些資訊有助於下一次實驗。

如果你從一個沒有對錯，沒有好壞的立場出發，而創造只是沒有規則的隨意玩耍，如此一來，會更容易讓自己快樂地沉浸在創作的過程裡。

我們並不是為了贏而玩耍，我們就是為了玩耍而玩耍。而且從根本上來說，玩耍就是樂趣。完美主義則會妨礙樂趣。一個更具技巧性的目標，可能是讓自己在過程中還感到舒適，能夠輕鬆製作並連續推出作品。

奧斯卡・王爾德（Oscar Wilde）說，有些事物太重要了，重要到你無法太嚴肅地對待它們。藝術就是其中之一。把標準放低，尤其是在開始的時候，這能讓你自由玩耍、探索、測試，而不執著於結果。

這條路不僅通往更有支持性的想法。主動玩耍並實驗，直到我們感到驚喜，這是傑作展現自己的方式。

⊙

還有一種克服不安全感的方法，是給它們貼上標籤。有一次我與一位藝術家合作，他被疑慮束縛，無法向前。我問他是否知道佛教中的「戲論」（papañca）[5]，這個詞意譯為「大量思緒」（preponderance of

5 譯註：巴利文及梵語，指違背真理、不能增進善法的無意義言論。

thoughts)。指的是我們的大腦往往對我們的經歷發出回應，喋喋不休。

他答道：「我很熟。這就是我。」

他對妨礙他的事物有了一個名稱，他就能把自己的疑慮正常化，不再看得那麼嚴重。每次疑慮出現的時候，我們就叫它「戲論」，注意到它，然後繼續前進。

我曾經與一位藝術家會面，她剛剛發行了一張非常成功的專輯，但是她不敢繼續做音樂，並且列出了不想再做音樂的各種原因。不再繼續下去總是有很好的理由。

「沒關係，妳再也不用做音樂了。完全沒問題。如果做音樂不能讓妳開心，那麼不做就是了。由妳選擇。」

我一說完，她的表情就變了，她明白，她繼續創作會比不創作更快樂。

感恩也會有幫助。你知道自己有幸處於一個允許你創作的環境，做自己喜愛的事有時還得到酬勞，這有可能讓天平往創作的方向傾斜一點。

歸根結柢，你的創作欲望必須高於對創作的恐懼。

甚至對一些最偉大的藝術家來說，這種恐懼也始終存在。曾經有一位傳奇歌手，雖然已經表演了五十多年，也無法消除上場前的恐懼。他的恐懼非常強烈，甚至噁心反胃，但他依然每天晚上走到聚光燈下，獻上一場充滿魔力的表演。接受自我懷疑，而非試圖消除或壓抑它，這樣我們能夠降低它的能量與干擾。

⊙

值得注意的是，懷疑作品與懷疑自己的區別。舉例來說，懷疑作品是「我不知道我的這首歌是不是已經盡其所能表現」。懷疑自己則像是「我寫不出好歌」。

無論在準確性上還是對神經系統的衝擊上，這兩種說法都是截然不同。懷疑自己可能導致無望感，一種天生就不適合承擔手頭任務的感覺。這種極端的想法沒有幫助。

但是懷疑自己的作品品質有時可能有助於改進。你可以「懷疑」出一條你的傑出之道。

如果你真的很喜愛某個作品的不完美版本，而到了最後它看似完美的時候，你發現自己不再那麼喜愛它，這就表示之前那個不完美版本就是對的。作品與完美無關。

藉由拼字檢查功能，我發現自己經常編造單字。往往我打了一個字，然後電腦告訴我這個字不存在。但因為這個字的拼音聽起來像是我要說的，有時候我就決定還是用它了。我知道它的意思，比起一個實際存在的單字，也許這樣反而更能讓讀者了解我的意思。

你想修正的瑕疵，可能最後公認是作品的偉大之處。有時候則不是。我們很難弄清楚一件作品因何而偉大。沒人能知道。最值得考慮的原因充其量也只是一些理論。「為什麼」是超乎我們理解範圍的。

比薩斜塔是一種建築上的錯誤，建造者試圖修復，反而使其惡化。現在，數百年過後，正是因為這個錯誤，它成了世界上參觀人數最多的建築之一。

在日本陶藝中有一種巧妙的修復法，叫做金繼（kintsugi）。如果一件陶器破損了，工匠不會試圖把它修復到原來的狀態，而是用黃金填補裂縫，從而凸顯了瑕疵。這樣以美的方式創造一道金色的脈絡，吸引人們注意破損處。瑕疵沒有減損作品，反而成為焦點，同時具有物理及審美的力量。這一道疤痕也訴說著這件作品的故事，記錄了它過去的經歷。

我們可以把這種技巧運用在自己身上，擁抱我們的不完美。無論我們有什麼樣的不安全感，都可以被重新塑造，成為我們的創造力裡的一股指引之力。只有當不完美之處妨礙了我們分享最貼近內心的事物時，它們才會真正變成障礙。

藝術創建了一種深刻的連結
在藝術家與觀賞者之間。
透過這種連結，
雙方都能痊癒。

分心

⊙

分心是藝術家可用的最佳工具之一，只是要善加使用。有時候，它是引領我們抵達目的地的唯一途徑。

冥想的時候，一旦腦中安靜下來，空間感就會被某種煩惱或者念頭所取代。這就是為什麼許多冥想學派教導弟子使用經咒。自然而然不斷重複一個句子，幾乎佔據了我們腦中的所有空間，不讓各種念頭把我們拉出當下。

因此，經咒，就是一種使你分心的東西。雖然某些分心的事物會讓你脫離當下，但也有些能讓你的顯意識有事可做，如此一來，你的潛意識就可以解放出來，為你工作。伊斯蘭念珠、天主教玫瑰念珠、印度念珠，都具有這種功效。

我們在創作過程中的某一節點遭遇僵局時，一個有益的方法是從這件事裡抽身，製造空間，讓解決方案出現。

我們可以把問題拋在顯意識的背後，輕鬆地解決它，而不是在腦中與之正面對峙。這樣我們可以一面做點不相干的簡單事務，一面持續專注於它。比如開車、走路、游泳、沖澡、洗碗、跳舞等我們可以自動完成的活動；身體的活動有時可以刺激思想運作。

比如，比起坐在房間裡開著錄音機，有些音樂家開車的時候寫的音樂反而更好。這類分心的事物讓大腦的一部份忙碌，同時解放其他部份，使其保持開放，迎接一切到來。也許這種非思考的過程讓我們進入大腦的一個不同區域。比起直接的路徑，這個區域能看見更多角度。

分心不是拖延。拖延一直在破壞我們的創造能力。分心是對工作有益的一種策略。

脱離有時是
投入的最好方式。

共同創作

⊙

一切都不是從我們開始的。

我們愈加以注意，就會愈開始意識到我們做的所有工作都是一種共同創作。

是與前人的藝術共同創作，也是與來者的藝術共同創作。是與你生活的世界的共同創作：與你至今的經驗、與你使用的工具、與觀賞作品的人們、與今天的你。

「自我」有許多不同面向。我們可能創造了一件作品而且喜愛它，但第二天看著它的時候，感覺又完全不一樣。你身為具有靈感的藝術家的一面，可能與身為工匠的一面互相衝突，並且因為工匠無法實現靈感藝術家的想像而感到失望。這是創作者身上常見的衝突，因為抽象思維與物質世界之間是沒有直接對話的。作品永遠是一種詮釋。

藝術家具有許多不同身份，創造力是這些自我面向之間的內在討論。談判持續進行，直到這些自我一起創造出最好的作品。

作品本身也具有不同身份。也許你做出一件作品，覺得自己十分清楚這是什麼，接著也許有人感受它，也覺得自己知道這是什麼，但是你眼中的與他眼中的可能完全不同。關於這一點，尤其值得注意的是，雙方都不對，而雙方也都是對的。

這無須掛心。如果藝術家對於他正在創作的作品感到高興，而觀賞者因為他正在體驗的作品而感到生氣蓬勃，那麼他們是否以同樣的方式看待作品就不重要了。事實上，任何人都不可能像你，也不可能像其他人一樣去感受你的作品。

對於一件作品的意義、功能，或者它令人愉悅的原因，你可能有明確的想法，而其他人可能會因為完全不一樣的原因喜歡它或者不喜歡它。

作品的目的，首先是喚醒你內在的某些東西，然後喚醒別人內在的某些東西。我們只能希望，我們體驗的電荷「強度」（magnitude）對別人造成的震盪，會如同我們感受到的一樣強烈。

有時藝術家可能不是作品的製造者。馬塞爾・杜象（Marcel Duchamp）找來一些日常用品——一把雪鏟、一個自行車輪、一座小便斗——並直接認定為藝術。他稱之為「現成物」（readymade）。一幅畫就只是一幅畫，直到你給它裝了框、掛在牆上，於是它才被稱為藝術。

被認定為是藝術的事物只不過是一種共識。而且都不是真實的。

真實的是你在創作藝術時永不孤單。你在不斷對話，與現在，與過去。你與這種討論的頻率愈近，你對自己眼前的工作就更有益。

意圖

⊙

從前在加爾各答有一位老人，每天步行到井邊取水。他手拿著一只陶鍋，慢慢將它往井裡放，一直往下放，小心不讓它碰到井壁而破碎。一旦裝滿了水，他就再小心地慢慢將它提起來。整件事必須專注，而且耗時。

有一天，一位旅人注意到老人正在做這件辛苦的差事。旅人比較熟悉機械，他向老人示範如何使用滑輪汲水。

他解釋道：「這樣就能讓陶鍋很快垂直下沉，然後裝滿水，再上來，不會撞到四周。這樣容易多了，少了許多工夫，水也裝得一樣滿。」

老人看著他，說道：「我想，我還是繼續一直以來的方法吧。我得思考每一個動作，而且要很小心才能做對。我看得出來，如果我用了滑輪，就容易了，我甚至會在汲水的時候開始想別的事情。如果我花的心思和時間這麼少，這個水喝起來會是什麼味道呢？不可能像原來那麼好了。」

我們的思想、感覺、歷程、無意識的信念，都有一種能量，隱藏在作品中。這種看不見、測不到的力量將磁性賦予每件作品。一件完成的作品完全是以我們的意圖，以及我們環繞著該作品所做的實驗建構的。如果去掉了意圖，剩下的只有裝飾的空殼。

雖然藝術家可能有許多目標與動機，但意圖只有一個。那就是作品的整體態度。

它不是思想的練習，不是需要設定的目標，不是商品化的手段。它是活在你內心的一種實相（truth）。你秉持這種實相生活，它就能嵌入你的作品。如果作品不能表現你是什麼樣的人，不能表現你的生活，它怎麼可能得到能量呢？

它不僅只是有意識的目的，而是和這個目的裡外一致。意圖須要和人的自我各個面向都協調一致。包括有意識的思維與無意識的信念、能力與承諾、工作時與不工作時的行動。它是一種與自己和諧相處的生活狀態。

並非所有的作品都需要創作者大量的時間，但它們確實需要創作者的生命歷程。就書法來說，作品是在毛筆的一個動作中誕生的。意圖就在那集中的一筆。線條反映了來自藝術家本人的能量轉移，包括藝術家的經歷、思想、憂懼的整個歷史。創造的能量在於創作之前的長久歷程中，而非創作的行動中。

⊙

我們的作品體現了一個更高的目標。無論我們知道與否，我們都是宇宙的一根導管——材料可以通過我們。如果我們是沒有阻礙的管道，我們的意圖就反映了宇宙的意圖。

大多數創作者認為自己是管弦樂團的指揮，如果我們把焦距從自己對現實的小視野裡拉遠，我們就更像是樂手，身處宇宙正在演奏的大交響曲中。

我們可能對這部巨作並沒有什麼了解，因為我們只看到自己演奏的這一小部份。

蜜蜂被花香吸引，落在一朵花上，又落在另一朵花上，無意中促進了繁殖。如果蜜蜂滅絕，不僅是花，連鳥類、小型哺乳類、人類都可能不復存在。我們可以合理假設，蜜蜂並不知道自己在這個相互關聯的拼圖中扮演的角色，也不知道自己在維護自然界平衡方面的功用。蜜蜂只是這麼存在而已。

同樣地，人類創造力的所有產出，以其萬花筒般的廣度，拼湊、形成我們文化的結構。我們作品的深層動機，就是能讓作品整齊地嵌入這個結構中的要素。我們對那全面廣大的意圖幾乎一無所知，但是如果我們完全順服於這種創造動力，拼圖中的我們這一片自有其恰當的形狀。

意圖就是一切。作品只是提醒了它的存在。

規則

⊙

規則是指導原則或創作準則。它可能存在於藝術家內在，或者存在於流派、文化之中。從本質而言，規則是一種限制。

數學與科學定律不同於我們在此討論的規則。前者描述的是物質世界中的精確關係，我們藉由對世界本身的測試，知道這些定律是真實的。

藝術家學習的規則就不一樣了。這些規則是假說，而非絕對。它們描述的是一個目標，或者達到短期、長期成果的方法。它們是要被測試的。而且唯有在有用的時候，才是有價值的。它們並不是大自然的定律。

各種各樣的假說偽裝成定律：一本成長勵志書中的建議、從某個訪談聽來的東西、你最喜歡的藝術家的最佳祕訣、文化中的某種表達、某位老師曾經告訴你的事情。

規則將我們導向普遍的平均水準表現。如果我們決心創造出眾的作品，大多數規則並不適用。平均水準並不值得追求。

目標不要設定為四平八穩。如果說有什麼目標，那麼就是強化差異，強化無法融入的部份，展現你獨特的世界觀。

不要聽起來和別人一樣，要看重你自己的意見。開發它。珍惜它。

一旦某人樹立了某項常規，最有意思的作品就有可能是不遵循這項常規的作品。做藝術的原因是創新與表達自我、展示新的事物、分享內在的東西，並傳達你的獨特觀點。

⊙

壓力與期望來自不同方向。社會的風俗習慣決定了對與錯，決定了哪些被接受、哪些引人側目、哪些受到稱頌、哪些遭受謾罵。

能夠定義時代的藝術家往往是生活在邊界外的人；不是體現了那個時代的信仰與常規的藝術家，而是超越了這一切的藝術家。藝術是對抗，它擴大了觀賞者的現實，讓他們從一扇不同的窗戶瞥見人生。這是一扇可能望見壯麗新景的窗戶。

一開始，我們用從前已有的樣板來處理我們的作品。如果你在寫一首歌，你可能認為它的長度應該是三到五分鐘，而且要有一定份量的重複。

對鳥兒來說，歌曲是一件非常不一樣的事情。鳥兒不喜歡三到五分鐘的模式，也不接受以副歌吸引聽眾，但鳥兒的歌卻一樣響亮。而且以鳥兒的本質而言，歌曲更是與生俱來的。它是邀請、是警告、是彼此連結的方式、是生存的手段。

要盡量少用公認規則、起點與限制來處理我們的作品，這是一種健康的作法。通常我們選擇的藝術媒介有著十分普遍的各種標準，所以我們認為這些標準是理所當然的。它們是無形的，沒有人質疑。這使得我們幾乎無法跳出標準模式進行思考。

去參觀美術館。你會看到大部份畫作是裝在四方形木框上的畫布。無論是雅克－路易・大衛（Jacques-Louis David）的《蘇格拉底之死》（The Death of Socrates），還是希爾瑪・阿芙・克林特（Hilma af Klint）的單幅祭壇畫。它們的內容可能不同，但材料一致。其中有個普遍接受的標準。

如果你想畫畫，一開始你可能把畫布裝在一個四方型木框上，然後把木框支在畫架上。光是從這些選擇的工具來說，你連一滴顏料都還沒碰到畫布，就已經大大縮減了各種可能。

我們認為器材與格式是藝術形式的一部份。但是，為了審美或交流，將顏色加諸某個表面上的都可以是繪畫。所有其他決定都取決於藝術家。

大多數藝術形式都有類似的常規：一本書有一定的頁數，並且分成數章。一部電影的長度是九十至一百二十分鐘，通常有三幕。每一種媒介中，都有固定的規範，在我們開始工作之前就限制了我們。

尤其是既定的類型，各有不同規則。恐怖片、芭蕾舞劇、鄉村音樂專輯，各有特定的預期。只要你用了一個標籤來描述你現在正在做的東西，你就會忍不住遵守它的規則。

在起始階段，過去的樣板可以提供靈感，但是超越以往範圍去思考是有幫助的。這個世界想要的可不是更多一模一樣的東西。

最創新的點子通常來自熟練這些規則的人，他們已經到了可以超越規則的程度，這種點子也有可能來自根本不知道規則的人。

⊙

最具欺騙性的規則不是我們看到的這些，而是我們看不到的。這些規則隱藏在大腦深處，就在我們的意識之外，通常沒有被注意到。規則進入我們的思考，是透過兒時的規訓、我們已經忘記的課程、文化的潛移默化，以及對啟發我們的藝術家的模仿。

規則可以適用於我們的目的，也可以限制我們；要提防任何基於傳統看法的假設。

不知不覺中遵守的規則，比有意制定的規則頑固得多。而且更有可能破壞作品。

每項創新都有成為規則的風險；創新也有成為其自身終結的風險。

當我們有了一項對作品有用的新發現，常見的做法是將它固化為公式。有時候，我們認為這個公式代表了我們藝術家的身份。代表了哪些是我們的主張，而哪些又不是。

這樣也許對某些創造者有利，但是對某些人來說可能是一種限制。有時一個公式能給我們的回饋會愈來愈少。還有些時候，我們沒有意識到公式只是賦予作品能量的一個小面向。

不斷挑戰自己的創造過程，這是有益的。如果你使用特定的風格、方法或工作條件而得到了很好的成果，不要認為這就是最好的方式。或者以為這就是你的方式、唯一的方式。避免把它當作不可動搖的宗教；也許還有其他同樣有效的策略，而且能帶來新的可能、方向與機會。

這個道理並不見得永遠正確，但可以放在心上。

⊙

把每一條規則都視為可以打破的，這是一種健康的藝術家生活方式。這樣就放鬆了限制，這些限制會導致我們的工作方法中可預見的千篇一律。

當你在事業上逐漸前進，隨著時間推移，也許會產生一種比較無趣的連續性。你做的這些事可能會開始感覺起來像一份職務或責任。因此，注意自己是否一直在使用相同的調色板，這是很有幫助的。

開始新作品之前，先丟掉舊調色板。由此而來的不確定感可能刺激又嚇人。一旦你有了新框架，舊的處理過程中的某些元素可能會再出現，不過沒有關係。

當你丟掉一本舊的戰術手冊，你依然保留了從中學到的技能。記住這件事會有所助益。這些得來不易的能力超越了規則。它們是你的，隨你保留。想像一下，你把一整套全新材料與做法疊加在你積累的專業知識上，會有什麼從中誕生。

當你遠離熟悉的規則，你可能碰上更多隱藏的規則，這些規則其實一直在指引你，只是你不知道。一旦發現這些規則，就可以將其放開，或者有意地使用。

任何規則都值得檢驗，無論是有意識還是無意識的。挑戰你先前的假設與方法，你可能發現一條更好的路。就算不是更好，你也能從實驗中學習。所有實驗都像罰球。你不會有什麼損失。

小心這種假設：
只因為之前你這樣
處理這件事，
所以你就相信
這是最好的處理方法。

反面是真實

⊙

對於你接受的任何規則，
關於你身為藝術家能做什麼，或是不能做什麼……
關於你的意見是什麼，或者不是什麼……
關於做成某件事你需要什麼，不需要什麼……
都值得試一下反面的做法。

比如，你是雕塑家，你可能認為自己正在做的作品在物質世界中必須是有形的。這是一種規則。

探索反面的想法，就是思考一件雕塑如何能夠沒有實體卻存在。也許你的最佳作品將是數位的，或者概念式的，並沒有實體痕跡。也可能這不會是你的最佳作品，但是思考過程可以把你帶往某個新奇有趣的地方。

把規則看成是一種不平衡的狀態。明與暗只有在彼此關係之中才有意義。少了一個，另一個就不存在。這是一個互相配合的動態系統，就像陰與陽。

檢視你的方法，思考它的反面是什麼。什麼能夠平衡這座天平？相對於你的暗，什麼是明？或者相對於你的明，什麼是暗？對藝術家而言，著力於蹺蹺板的一端是常見情況。就算我們選擇不在另一端創作，了解這兩端也可以為我們的選擇提供參考。

還有一種策略是加倍下注，把你目前著力的色調發揮到極致。只有藉由平衡實驗，你才能找出自己在翹翹板的哪一端。一旦你確定了自己的位置，就可以到另一端找出平衡，或者在你目前的道路上繼續前進，創造更多槓桿作用。

對於自己遵循的每一條規則，要檢驗其反面是否也有類似的趣味；未必更好，但是不同。同樣地，你可以嘗試本篇建議的反面或者極端，可能也會很有成果。

聆聽

⊙

聆聽的時候，只有當下。在佛教修行中，敲引磬是儀式的一部份。引磬立刻把參與者拉回當下。這是一個小小的提醒，讓你醒過來。

雖然眼睛和嘴可以閉上，可是耳朵沒有蓋子，沒有東西可以把它關上。它接收周遭的一切。它接受，但不能傳送。

耳朵就只是純然地將自己交付於這個世界。

當我們聽見聲音，是聲音主動進入我們的耳朵。通常我們不會注意到所有單獨的聲響以及它們的完整音域。

聆聽則是注意那些聲音，與它們同在，與它們融合。不過，說我們用耳朵或者大腦聆聽可能是一種誤解。我們是以整個身體、整個自身去聆聽。

我們周遭空間中充滿的振動、聲波對身體的撞擊、聲波顯示的空間感、聲波引起的內在反應——這些都是聆聽的一部份。某些低音只能以身體內部去感覺，無法以耳朵接收。

如果不用揚聲器，而是透過耳機聽音樂，就可以注意到這種區別。耳機製造了一種錯覺，欺騙你的感官，讓你相信自己聽到了音樂提供的一切。許多藝術家在錄音室裡拒用耳機，因為它是一種拙劣的仿製品，模仿真實世界裡的聆聽體驗。如果使用揚聲器，我們就比較接近樂器在室內的聲音：全身沉浸在完整的聲譜振動中。

我們當中許多人對生活的體驗就像是通過耳機一般。我們剝離了完整的聲域。我們聽見訊息，但是沒有察覺身體裡更微妙的，感受的振動。

當你用完整的自己來練習聆聽，就是擴展你的意識範疇，含納大量原本被遺漏的訊息，發現更多材料，以滋養你的藝術習性。

如果你聽的是音樂，可以考慮閉上眼睛。你可能會發現自己在這種體驗中忘我了。音樂結束時，你可能會驚訝自己到了哪裡。你已經被帶到了另一個地方。那是音樂生活的地方。

⊙

交流是雙向的，即使是一個人說話而對方默默聆聽，也是如此。聆聽者全神貫注的時候，說話者的溝通方式往往不同。這種情況甚至可能對雙方而言都有點不自在，因為大部份人並不習慣被充分傾聽。

有時我們阻斷訊息流入，損害了真正的聆聽。我們的批判思維可能會啟動，注意到我們同意什麼、不同意什麼，或者注意到我們所喜所惡。我們可能找出理由來不信任說話者，或者曲解其意。

表達意見並不是聆聽。醞釀回應、捍衛我們的立場、攻擊他人立場，也都不是聆聽。不耐煩地聆聽就是什麼都沒聽到。

聆聽是暫停懷疑。

我們敞開胸懷接納，不帶先入為主的想法去關注。唯一目標是充分並清楚地了解傳遞的內容，徹底與正在表達的內容同在——並允許它保持原貌。

否則，不僅對說話者不利，也不利於你。當你在腦中產生一種故事並捍衛它，你就錯過了可能使你目前想法改變或演進的訊息。

如果我們能超越自己的反射反應，就可能發現更深的地方還有某些東西，與我們有共鳴，或者幫助我們了解。新的訊息可能加強、稍微改變一個想法，或者完全扭轉它。

不帶偏見地聆聽，就是我們身為人的成長與學習方式。很多時候正確答案並不存在，有的只是不同觀點。我們學會看見的觀點愈多，我們的理解就愈廣大。我們的濾器能夠開始更準確地找到真實的事物，而不是通過我們的偏見得到狹窄的碎片。

無論你從事的是哪種類型的藝術，聆聽都能打開各種可能。讓你看見一個更大的世界。我們的許多信念，是在我們有所選擇之前就已經學到的。其中有些可能世代流傳，如今不再適用。有些可能從來就不適用。

因此，聆聽不僅僅是一種感知；它是能脫離成規的自由。

耐性

⊙

捷徑不存在。

在命運突然改變之後，樂透贏家最後並不快樂。倉促建成的房子很少能熬過第一場風暴。一句話總結一本書或者一件新聞並不能替代整個故事。

我們經常抄捷徑而不自知。聆聽的時候，我們往往跳躍前進，籠統概括說話者的整體訊息。我們可能忽略整個前提，甚至重點的微妙之處。

捷徑讓我們假設自己在節省時間，也讓我們避免自己的看法遭到挑戰而感到不適。而我們的世界觀則持續萎縮。

藝術家積極工作，慢慢體驗生活，然後重新體驗同一件事物。慢慢閱讀，再讀一次，然後再讀一次。

也許我讀到一段，啟發了某個想法，我的眼睛繼續在頁面上移動，這是肉體的閱讀動作，而我的大腦沉浸在剛才那個想法中。此時我不再接收訊息。等到我意識到這一點，我才回到自己能回憶起來的那一段，重新往下讀。有時候必須回到三、四頁之前。

重讀一段或一頁自己已經深入了解的文章，也可以帶來新啟發。新的意義、更深的了解、靈感、細微的差別，都會出現，並進入你的焦點。

閱讀如同聆聽、吃喝，以及大多數肉體上的活動，都可以像開車一樣去體驗：可以使用自動駕駛，或者集中注意力駕駛。我們經常像夢遊一般生活。想想看，如果你對自己參與的每一件活動都像駕駛飛機降落時一樣專注，你對於這個世界的體驗會有多麼不同。

對於每一天的機會，有些人的態度就像從待辦清單上逐一劃掉事項一樣，並沒有真正全神貫注、參與其中。

我們不斷追求效率，使得我們不願深入觀察。期待表現的壓力並沒有給我們時間去思考所有可能。然而，正是透過有意的行動與重複，我們才能獲得更深刻的洞察。

⊙

想讓自己的專長技藝得到精微的成長，
這需要耐性。

想以最可靠的方式吸收訊息，

這需要耐性。

想打磨一件作品，包含我們能夠付出的一切，並引起共鳴，這需要耐性。

培養這種可實現的習慣，藝術家的工作與生活的每一個階段都能從中受益。

培養耐性很像培養感知，都是藉由接受一切事物的本來面貌來培養。不耐煩是與現實爭論，渴望某件事與我們現下體驗到的不一樣。希望時間能加速，希望明天早點到來，希望重溫昨天，或者閉上眼睛再睜開的時候，發現自己到了別的地方。

時間是我們無法控制的。所以耐性始於接受自然的節奏。不耐煩的潛在好處是藉由加快與跳過自然節奏而節省時間。矛盾的是，這樣的最後結果是花費更多時間與精力。這是白費力氣。

至於在創作過程上，有耐性就是接受這一點：我們的大部份工作都不是我們能控制的。我們不能強迫偉大的事物誕生。我們能做的就是邀請它，並積極等待它。不要焦慮，因為這可能會把它嚇跑。只要持續歡迎的狀態。

如果我們從作品成長的方程式中去掉時間，剩下的就是耐性。不僅對於作品的成長是如此，對於藝術家的整體成長也是如此。即使是在緊迫時間中誕生的傑作，也是之前數十年耐心打磨其他作品的總和。

如果創作有一條規則相對於其他規則比較不易打破，那就是對於耐性的要求，這項要求是永遠存在的。

初學者的心態

⊙

大約在三千年前的中國，誕生了一種戰略性的棋類活動，就是圍棋。有人認為當時的霸主與將領在地圖上放置小石子以制定作戰計畫，圍棋就是起源於此。它是人類歷史上風行不衰的最古老棋種，也是最複雜的。

到了現代，在圍棋賽中取勝被人工智慧界視為是聖杯。因為棋盤上的可能組合比宇宙中的原子還多，人們曾經認為電腦的處理能力不足以擊敗熟練的人類棋手。

科學家起身迎戰，打造了一個名叫 AlphaGo 的人工智慧程式。這個程式研究了超過十萬場比賽，自己學會下棋。然後它一次又一次與自己對弈，直到準備好挑戰當時的圍棋衛冕大師。

在第二局的第三十七手，電腦面臨一個選擇，這將決定比賽接下來的走向。眼前有兩個明顯的選擇。選擇 A，代表著電腦現在是進攻。選擇 B，代表著電腦現在是防守。

然而電腦選擇的是第三種，在數千年的圍棋史上，從來沒有一個深諳此道的人會這麼走。一位棋評家說：「沒有哪個人類棋士會選擇這樣的第三十七手。」大多數人認為這是一個錯誤，或者根本是一步壞棋。

與電腦對弈的大師大吃一驚，站起身來，走了出去。終究他還是回來了，但不再如往常鎮定自信，顯然對這次經歷感到驚駭。最終 AlphaGo 贏了比賽。專家說，那一步前所未見的走法，扭轉了比賽的局面，轉而對 AlphaGo 有利。

最後電腦贏了五局中的四局，大師退役，永遠不再比賽。

⊙

我第一次聽到這個故事的時候，淚流滿面，這種突然其來的情感令我困惑。進一步回想之後，我明白了，這個故事講述的是創造力的修行中的純潔之力。

是什麼讓一部機器想出這一步，在數千年的圍棋歷史上沒有一個精於此道的棋士走得出來？

這不一定是因為它的智能。事實是，這部機器從零開始學習下圍棋，沒有教練，沒有人類的干預，沒有基於專家經驗的課程。這套人工智慧遵循的是固定的規則，而不是附加其上的、數千年來公認的文化規範。它並不考慮圍棋三千年來的傳統與慣例。它並不接受所謂如何正確下棋的說法。它沒有被限制性的信念所束縛。

因此，這不僅僅是人工智慧發展過程中的里程碑。這是第一次掌握所有可能性而下的圍棋。AlphaGo 從一片空白開始，能夠創新、設計出全新的東西，永遠改變了圍棋。如果它是由人類教導下棋，很可能無法贏得比賽。

一位圍棋專家評論道：「在人類花了幾千年磨練戰術之後，電腦告訴我們，人類完全錯了……我甚至可以說，從來沒有人摸到了圍棋真理的邊。」

想要看見人類從未見過的事物，知道人類從不知道的東西，以人類從未使用的方式創造，這可能要以彷彿從未看過的眼睛去看、以從未思考的心智去知曉、以從未受過訓練的手去創造。

這就是初學者的心態——對藝術家來說，這是一種最難保持的狀態，正因為它涉及了放下經驗所教給我們的一切。

初學者的心態來自一個純粹如孩童的地方，這是一個屬於渾然不知的地方。活在當下，盡量減少固有的信念。觀看事物呈現的本來面目。調整自己，與當下給予我們活力的事物同頻；而非注意那些我們認為有用的東西，並以此做出我們的決定。一切先入為主的想法與公認的慣例都限制了可能。

我們往往認為，我們知道得愈多，就愈能看清楚可用的各種可能。事實並非如此。只有當經驗沒有教給我們限制時，不可能的事物才會轉變為可以實現。電腦贏了棋賽，是因為它知道的比大師多，還是比大師少呢？

渾然不知的狀態自有一股強大的力量。面對一項艱鉅任務時，我們可能告訴自己這太難了、不值得努力、事情不是這樣做的、看起來不會奏效，或者看起來不會在我們手上奏效。

如果我們以渾然不知的狀態面對任務，就能去除阻礙進程的知見障礙。有趣的是，對困難毫無所覺，可能正是我們面對困難所需要的態度。

⊙

渾然不知的態度能帶來創新。缺乏知見，能夠創造更多開闢新地的機會。雷蒙斯樂團（Ramones）認為自己是在創造主流的泡泡糖流行樂。然而對大多數人來說，光是他們的歌詞——關於腦白質切除手術、吸食強力膠、小頭畸形人——就足以挑戰此一假設。

雖然該樂團自視為下一個海灣搖滾客（Bay City Rollers），但他們在不知不覺中發明的龐克搖滾，開始了一場反文化革命。海灣搖滾客的音樂在當時極為成功，但雷蒙斯在搖滾樂上的奇特表現更受歡迎，影響也更大。在關於雷蒙斯的所有解釋中，最恰當的也許就是「透過無知進行創新」。

⊙

經驗提供了可以借鑑的智慧，但它削弱了天真的力量。過往可以是一位老師，它提供久經考驗的可靠方法、熟習工藝的各種標準、留心可能的風險，並在某些情況下提供精湛的技藝。它引誘我們進入一種模式，使得我們沒有機會渾然無知地從事手頭上的任務。

你採用的方法愈是根深蒂固，你的眼光就愈難超越它。雖然經驗並不完全排除創新，卻能使創新變得更難以企及。

動物像兒童一樣，做決定對它們來說並不難。它們的行為出於與生俱來的本能，而非習得的行為。這種原始的力量包含著古老的智慧，而科學還沒有趕上這種智慧。

這些孩子般的超能力包括：存在於當下、重視遊戲甚於一切、不掛念後果、不加思索地徹底誠實，以及自由轉換情緒而不拘泥於事實邏輯。

對兒童來說，時間裡的一刻就是全部。沒有未來，沒有過去。我現在就要，我現在餓了，我現在累了。全是純粹的真實。

綜觀歷史，偉大的藝術家都能自然保持這種孩子般的熱情奔放。就像嬰兒是自私的一樣，偉大的藝術家護衛著自己的藝術，這些護衛的方式有時並不樂於與外界合作。他們把身為創作者的需求放在首位，經常以其個人生活與感情關係為代價。

有一位有史以來最受喜愛的創作型歌手，永遠把突然降臨的靈感置於其他責任之上。他的家人朋友都知道，在吃飯、談話、或者重要活動當中，如果有一首歌對他發出召喚，他就會當場離開去處理它，不需要任何解釋。

能夠在我們的藝術與人生中獲得孩子般的精神，這是值得渴望的一件事。如果你還沒有累積太多已經固定的習慣與想法，這就容易做到。如果你有，那就很困難。幾乎不可能。

兒童並沒有一套用來理解世界的前提。你也可以試著這樣做。在你坐下來開始創作之前，任何放在心上的標籤，即使是雕塑家、饒舌歌手、作者、企業家這樣的基本標籤，都可能弊大於利。去掉標籤吧。現在，你如何看這個世界呢？

試著像第一次一樣體驗每一件事物。如果你在某個內陸小鎮長大，從未離開家鄉，那麼你第一次長途旅行並且看見海洋，應該是一件戲劇性的、令你驚歎的經歷。如果你一生都生活在海邊，你的體驗幾乎可以肯定不是這麼戲劇化。

當你像第一次那樣去看你周圍的事物，你會開始明白這一切是多麼驚人。我們身為藝術家，我們要在看似平凡的事物中見到不平凡，要以這種方式生活。然後挑戰自己，把我們看見的與人分享，讓他人能夠一睹這種非凡的美。

才華，
是讓想法透過你表現出來的一種能力。

靈感

⊙

它出現在一瞬間。

一次無玷感孕（Immaculate conception）[6]。

6 編註：指的是天主教徒相信聖母瑪利亞在受孕時，成為耶穌基督的母親那一刻，被免除了原罪的這件事。

一道神聖的閃光。一個本來需要費力才能展開的點子，突然在一吸氣之間綻放。

靈感的定義，取決於接受到的質量與數量。以如此剎那間的速度，似乎不可能去處理它。靈感是推進我們作品的火箭燃料。是宇宙的對話，我們渴望加入這場對話。

靈感這個字來自拉丁文 inspirare，意為吸入或者吹出。

要讓肺吸進空氣，首先得排空。要讓心靈吸取靈感，需要空間來迎接新的東西。宇宙尋求平衡；藉由這份空無，你正在邀請能量進入。

這項原則也適用於生活中的一切。如果我們在尋找新的情感關係時仍處於一段關係之中，那麼我們就是已經滿了。沒有空間可以讓新的東西進入。而我們也無法迎接對的關係進入。

為了給靈感創造空間，我們可以考慮靜心的修行：冥想、觀照、靜默、沈思、祈禱，一切幫助我們抵禦分心與戲論的儀式，都可以。

呼吸本身就是很有效的工具，能夠讓我們的思緒平靜、創造空間、調整頻率。它不能保證靈感必定降臨，但是這份空無也許可以吸引繆斯來玩樂。

從更靈性的角度來看，靈感就是「賦予生命」（breathe life into）。有一種古老的解釋，將靈感定義為神靈的直接影響。對藝術家而言，靈感是創造之力的氣息，一瞬間從我們的小小自我之外吸入。我們無法確定這種洞察的火花從何而來。

靈感來臨的時候，一定是令人振奮的。但它並非可以倚賴的。藝術生活不能完全建立在等待的基礎上。靈感不受我們控制，而且很難找到。這需要努力，而且有待我們發出邀請。靈感缺席的時候，我們可以處理作品的其他方面，那些不受這種宇宙傳輸影響的方面。

頓悟隱藏在最普通的時刻：一道投影、一根火柴點燃的氣味、無意間聽見或者聽錯的不尋常的隻字片語。主要的必需條件是練習時時投入參與。

為了使你的靈感有變化，可以考慮改變你的資訊來源。關掉聲音看電影、重複聽一首歌、只讀一篇短篇小說裡每一句的第一個詞、按照大小或顏色排列石頭、學習做清醒夢。

打破習慣。

尋找差異。

留意連結。

靈感的一個指標是驚歎。我們把太多事物視為理所當然。我們如何才能超越隔絕與遲鈍，去感受我們周遭大自然與人類工程的奇蹟？

如果我們從一個不那麼麻木的角度去看這個世界，我們看到的大部份事物都有可能激發驚異之情。訓練自己，看到顯而易見的事物背後令人驚歎之處。盡可能從這個有利角度看世界，讓自己沉浸其中。

我們周遭的美在許多方面豐富了我們的生活。它本身就是一個目的。而且它為我們的作品設立了一個標竿。我們瞄準標竿，是為了培養欣賞和諧與平衡的眼光，彷彿我們創造的事物原本就一直存在，就像山峰或者羽毛一樣。

⊙

在浪潮能夠帶著你的時候，乘上它。如果你有幸體驗靈感的衝擊，那麼就充分利用這次機會。停留在這難得一刻的能量中，只要它還能持續。在流動的時候，保持前進。

如果你是作家，在睡前突然有了許多點子，你可能想要保持清醒，與它同在，直到天亮。如果你是音樂家，你已經完成了寫一首歌或者十首歌的目標，但是音樂還在不斷降臨，那麼就盡你所能捕捉。

由此產生的作品也許目前還用不上，但以後可能派上用場。也有可能不會。藝術家的任務只是辨認出宇宙的傳輸，懷著感激與它相處，直到它自然發展。

就優先次序而言，靈感是第一位。然後是你。最後是觀眾。

這些是特殊的時刻，要以最高的虔誠來對待。當這些轉瞬即逝的靈輝時刻到來，我們原本的計畫都要暫緩。召集你所有的力量，將自己投入這次奉獻，即使它的出現不合時宜。這是一位認真藝術家的義務。

約翰・藍儂（John Lennon）說過，如果你開始寫一首歌，那麼就一次把它寫到最後。初始的靈感有一種活力，能帶著你完成整件作品。如果某些部份還不盡完美，不要擔心。先完成一份草稿。一份不完美的完整稿子通常比看似完美的片段更有用。

當一個點子成形，或者寫好了一段吸引人的部份，我們可能感覺自己已經破解了密碼，其餘部份會自己解決。但如果我們離開，任由初始的火花熄滅，等到我們回來的時候，會發現火花很難重燃。把靈感想成一股力，這股力不能不受到熵的定律影響。

習慣

⊙

在我們開始訓練的第一天，我做的第一件事就是向球員示範，多花一點時間把鞋襪穿對。

你的裝備中最重要的就是鞋子與襪子。你在硬地板上打球。所以你必須有合腳的鞋。而且你絕對不能讓襪子在小腳趾周圍——這裡經常起水泡——和腳跟周圍起皺。

我向隊員們示範我要他們怎麼做。拉起襪子，整理小腳趾和腳跟部位，

讓這些地方沒有皺褶。把整隻襪子弄平整。然後穿鞋的時候拉著襪子。而且鞋身必須完全攤開，不能只綁緊最上端的鞋帶。

你要在每一個鞋帶孔上都把鞋帶拉緊，然後才把鞋帶綁起來。然後你再綁一個結，這樣就不會鬆開——因為我不要鞋子在訓練和比賽時鬆開。我不要這種事發生。

這只是教練必須利用的一個小細節，因為小細節能成就大事。

以上是約翰·伍登（John Wooden）的肺腑之言，他是美國大學籃球史上最成功的教練。他的球隊擁有最多連勝紀錄，獲得最多冠軍。

這些菁英球員一定很洩氣，他們想在球場上一展身手，到了這裡與傳奇教練第一次訓練，卻只聽見他說，今天我們來學怎麼綁鞋帶。

伍登強調的是，建立有效的習慣，包括最小的細節，是決定比賽勝負的關鍵。每個習慣可能看起來都很小，但是疊加在一起，就對表現有了指數級的影響。在任何領域的頂端，僅僅一個習慣，就能讓人在競爭中更具優勢。

伍登考慮了比賽中可能出問題的各個方面，並且針對這些方面訓練他的球員。反覆訓練。直到成為習慣。

其目標是達到毫無瑕疵的表現。伍登經常說，你唯一的競爭對手就是你自己。其他都在你的控制範圍之外。

這種思路也同樣適用於創作的人生。對藝術家和運動員來說，細節是關鍵，無論這些參與者是否明白細節的重要。

好的習慣造就好的藝術。我們做任意一件事的態度，就是我們做每一件事的態度。認真對待你做的每一個選擇、你採取的每一個行動、你說的每一個字。目標是把你的生命活成一股藝術的力量。

考慮建立一個固定的框架，來規範你的創作歷程。通常的情況是，你的個人規律愈是明確，你在這個結構中就有更大的自由來表達自己。

紀律與自由看似相反。但是在現實中，它倆是夥伴。紀律不是沒有自由，紀律是與時間的和諧關係。想要釋放出實踐與創作能力以創作偉大的藝術，一個要素就是管理好你的行程與日常習慣。

甚至可以說，生活中的集中效率比工作中的更重要。以軍事化的精確來處理你一天中的實際事務，能夠讓藝術之窗在孩子般的自由中敞開。

對創造有益的習慣可以從你起床的那一刻開始。可能包括看電子螢幕之前先看看陽光、冥想（如果可能就在戶外）、運動、在合適空間中開始創作之前先沖個冷水澡。

這些習慣對每個人來說都不一樣，而且對同一位藝術家來說也許每天都不一樣。你可能坐在森林裡，注意自己的思緒並寫下筆記。或者開車開一個小時，不考慮目的地，聽著古典音樂，看看是否爆出火花。

設定辦公時間，或者設定拒絕打擾的遊戲時間，好讓你的想像力翱翔，這都很有幫助。對某甲來說，這種時間的長度可能是三小時，對某乙來說則是三十分鐘。有些人喜歡從傍晚工作到凌晨，有些人則在二十分鐘裡進行創作，每段間隔五分鐘。

找出最能支持你工作的、可持續的固定安排。如果你制定的時間表過於壓迫，你可能會找藉口逃避。從一開始就制定一個容易實現的時間表，這對你的藝術有好處。

如果你堅持每天做半小時，好事就會發生，產生動力。也許你會看看時鐘，發現自己已經持續了兩個小時。一旦形成習慣，你就可以選擇延長創作時間。

就盡情實驗吧。我們的目標是堅持一種能夠自己活起來的安排，而不是只有在你想創作的時候才創作，或者每天第一件事就是懷疑自己到底何時才能創作自己的藝術。

在工作中做決定，而不是決定「何時」開始工作。你盡量減少日常生活食衣住行等事務，你留給創作性決定的頻寬就愈大。愛因斯坦每天穿的都一樣：灰西裝。艾瑞克・薩提（Eric Satie）有七套一模一樣的衣服，一星期每天穿一套。限制你的創造性選擇，以釋放你的創造性想像。

⊙

我們都渴望建立新的、健康的、有成效的習慣，比如運動、多吃本地產的自然食物、經常練習我們的技藝。

可是我們是否考慮過，應該檢驗並去除目前影響我們日常生活的習慣？我們是否把各種公認的「人本來就是這樣」或者「我們本來就是這樣」的行為，僅僅視為一種習慣？

我們每個人都有自動化的習慣。我們的動作有習慣：說話、思維、感知的習慣；我行我素的習慣。其中有些我們從童年就開始練習了；一條路徑被刻進大腦裡，難以改變。大部份這類習慣控制著我們，在我們的決定範圍之外，以至於它們自主自動運行，就像我們的體溫調節一樣。

我最近學會一個不一樣的游泳方式。感覺起來很笨拙而且違反直覺，因為我年紀很小的時候就學會游泳了。從前的方法根深蒂固，所以我從來沒有去思考它。我毫不費力就知道該怎麼做。從前的方法效果很好，足以讓我從泳池這一頭游到另一頭，然而還有其他姿勢可以讓我更輕鬆、游得更遠更快。

在藝術事務上我們也依賴習慣，把我們從這一點帶到下一點。其中有些習慣對工作並沒有好處，或者破壞了工作進展。當我們保持開放並仔細觀察，就可能辨認出這些比較無益的習慣，進而削弱它們的控制。並且開始探索新的做法。新做法就像臨時的合作者，在我們的創造人生中來來去去，只要對工作有用，就留下來，不再有益就離開。

不利於工作的想法與習慣：

- 相信自己不夠好。
- 感覺自己沒有這件事需要的精力。
- 把自己採用的規則誤認為絕對的真理。
- 不想去做（懶）。
- 不讓這件事發揮它的最高表現（安於現狀）。
- 目標過於宏大，無法開始。
- 認為自己只有在某些條件下才能做到最好。
- 需要特定工具或設備才能做。
- 作品變得困難了就放棄。
- 感覺自己需要許可才能開始或前進。
- 讓自己認定的資金、設備或者支援方面的需要成了障礙。

- 點子太多，不知從何開始。
- 從來沒完成作品。
- 指責環境或他人干擾你的進展。
- 將消極行為或成癮行為加以浪漫化。
- 相信自己必須有某種情緒或狀態才能做出最佳表現。
- 優先考慮其他活動或職責，而非你對藝術的承諾。
- 注意力不集中及拖延。
- 沒有耐性。
- 認為不受你控制的事物都在阻礙你。

創造一個環境
在此你可以自由表達
那些你害怕表達的事物。

種子

⊙

在創作過程的第一階段，我們要完全開放，收集一切我們感到有趣的東西。

我們可以稱此為種子階段。我們在尋找可能的起點，有了愛與關懷，這個起點就能長成美好的東西。在這個時候，我們並不是在比較以找出最好的種子。我們只是在收集。

一首歌的種子可能是隻字片語、一段旋律、一段低音伴奏，或者一種有節奏的感覺。

對於一篇文字作品，種子可能是一個句子、一個人物的側寫、一個背景、一個命題，或者一個情節要點。

對一棟建築來說，是一個形狀、一種材料的選擇、一個功能，或一個地點的自然屬性。

對一家企業來說，種子可能是一種常見的不便、一種社會需求、一種科技進步，或者一種個人興趣。

收集種子通常不用付出巨大的心力。更像是接收一次傳輸。是一次提醒。

就像釣魚一樣，我們走到水邊，給魚鉤裝上餌，拋線，耐心等待。我們無法控制魚，只能控制我們的釣線。

藝術家把一根釣線拋進宇宙裡。我們無法選擇何時會有提醒或者靈感。我們只能在那裡接收它。就像冥想一樣，結果來自我們在過程中的投入。

最好是帶著積極的感知與無窮的好奇心去收集種子。這件事無法強迫，但也許可以被意志力影響。

⊙

種子到來的時候，如果對它們的價值或命運先下定論的話，就會妨礙它們的自然潛力。在這個階段，藝術家的工作是收集種子，把它們種下去，細心灌溉，看看它們是否能長出根來。

對於種子可能成為什麼樣子，如果有一個具體的設想，在之後的階段是有用的。但是在這個初始階段，這種設想可能會截斷更有趣的可能性。

一個看起來生命力不足的點子，也許能長成一件美麗的作品；最令人興奮的種子也許最後不會結出果實。現下為時尚早，還說不準。我們要在這個過程中再往前走一段，讓這個點子有進展，否則不可能準確評估一個點子的幼芽。適當的種子會隨著時間而顯現。

過份重視一顆種子，或者在它成熟之前就否定它，都會干擾它的自然生長。如果忍不住在這個第一階段強行投入太多自我，則會破壞整件計畫。要當心抄捷徑，或者太早把某些要點從你的清單上刪掉。

沒有得到澆灌的種子無法顯示出結出果實的能力。先收集許多種子，然後隨著時間回顧一下，看看哪些與你有共鳴。有時候，我們距離它們太近，看不出它們的真正潛力，有時候，激發一顆種子誕生的神奇時刻可能比種子本身更重要。

一般說來，最好是累積幾個星期或幾個月的點子，然後選擇注意其中幾個，而非隨著一股衝動，或者把這件事當成不得不做的義務，帶著今天擺在我們面前的東西衝到終點。

你累積的種子愈多，就愈容易判斷。如果你收集了一百顆，你可能發現第五十四顆可以與你交流，而其他種子做不到。如果第五十四顆是你的唯一選擇，但是沒有其他種子襯托，就很難看得出來。

當我們假設哪些種子不行，或者不符合我們自認的藝術身份時，我們有可能是在阻礙自己成為創作者。有時候，一顆種子的目的是把我們推向一個全新的方向。在這個過程中，它可能蛻變為與原形幾乎完全不同的東西，成為我們到目前為止的最佳作品。

在這個時候，要把這件作品想成比我們更廣大的事物，這是有益的。要培養自己對可能的事物心懷驚歎與好奇，並且明白這種產出的能力不是我們自己就能達成的。

當你前進，作品自會顯露。

實驗

⊙

我們已經收集了一把種子——起點與潛力的種子。現在我們進入第二階段，實驗階段。

一開始，發現起點令我們興奮，為我們添了一把火，我們盡興嘗試不同的組合與可能，看看其中是否有一些顯示了種子想要如何發展。把這看做對生命的探索。我們正在觀察，看看是否能讓種子生根發芽。

實驗並沒有正確的方法。一般來說，我們會想要與種子開始互動，往幾個不同的方向發展我們的起點。我們培育每一顆種子，就像園丁創造促進生長的最佳條件。

這是一個作品最有趣的部份，因為一切都沒有風險。你可以隨意嘗試各種形式，看看哪個能成形。這裡沒有規則。對每一位藝術家與每一顆種子來說，培育都是不同的。

如果這顆種子是小說中的一個人物，我們也許會擴大他生活的世界、發展背景故事，或者我們自己成為這個角色，從他的觀點開始寫作。

如果這顆種子是一部電影的故事，我們可能想要探索各種背景設定。可以是不同的國家、社群、時代，或者不同的現實環境。比如莎士比亞的劇本，已經被改編成不同電影，背景從紐約幫派到日本武士，從聖塔莫尼卡海灘到外太空。

有無數方向可以探索，如果我們不加以嘗試，我們永遠不會知道哪個方向會把我們帶往死胡同、哪個方向通向新的境界。以歌曲為例，歌手對某段音樂的反應可能非常快，旋律馬上就能自己浮現出來。其他時候，雖然歌手覺得音樂很吸引人，但可能聽了一千次還是沒有任何結果。

在這個階段，我們並不是在觀察哪個版本的進展最快或者走得最遠，而是看哪個最有成長的希望，我們專注於蓬勃茂盛的種子，並等待修剪。我們產生可能性，而非消滅可能性。過早加以修改可能會關閉一些本來可以通往未知美景的路線。

⊙

在實驗階段，結論是偶然發現的。比起符合我們的期待，它們更常讓我們感到驚訝或受到挑戰。

中國古代的煉丹方士尋求長生不老，他們把火硝、硫磺、木炭混在一起。結果發現了別的東西：火藥。無數的其他發明——盤尼西林、塑膠、心律調節器、便利貼——都是偶然發現的。想想看，有多少本來可能改變世界的創新遭到遺漏，就因為有人太專注於自己的目標，錯過了正在眼前的啟示。

實驗的核心是神祕。我們無法預測一顆種子會將我們帶往何方，或者它會不會扎根。對新的事物與未知事物保持開放。從問號開始，踏上發現的旅程。

充分利用這顆種子本身的能量，並且盡可能不去打擾它。你也許忍不住想介入，影響它朝著一個特定目標或者先入為主的想法發展。但這樣做可能無法讓種子的可能性達到最大的產出能力。

讓種子沿著自己的道路走向太陽。辨別的時刻以後會到來。至於現在，留點空間讓魔法進來。

⊙

並非每顆種子都必須生長。但是也許每一顆都有一個合適的時刻。如果一顆種子看起來似乎沒有進展或者回應，可以考慮把它儲藏起來，而非拋棄。

在自然界，有些種子處於休眠狀態，等待最有利於它們生長的季節到來。藝術也是如此。有些點子的時刻尚未到來。或者，也許它們的時刻已經到來，但是你還沒有準備好投入其中。有些時候，培育其他種子也許可以為休眠的種子帶來一點啟發。

有些種子瞬間就能發芽。你可能開始實驗，最後完成作品，並且對結果感到滿意。也有可能你做到一半，感覺不確定這個作品要往哪裡去。

在失去熱情的時候，通常我們還是會在同一顆種子上努力，我們已經投入這麼多時間，所以我們相信這件作品必然會有更好的結果。如果能量持續下降，未必是這顆種子不好。也許我們只是沒有找到適合它的實驗。也許我們應該離開一段時間，換一下觀點。也許我們選擇重新開始，或者把它擱置一段時間，去篩選其他的種子。

結果不是由我們決定的。無論你認為種子的潛力為何，都要給每一顆種子一些關注，並尋求一個美麗的回應。

如果你只有一顆種子——一個你非常希望實現的願景，那也很好。並沒有什麼唯一正確的方式。不過，也許你該考慮這個可能：因為你沒有完全利用內在的潛能，最後它反而會變成一種限制。對可能性保持開放的態度，能把你帶到一個你想去的地方，而之前你可能不知道自己想去那裡。

如果你知道自己想做什麼，並且去做了，這就是工匠做的事。如果你從一個疑問開始，並且以它來引導一場通往發現的冒險，這就是藝術家做的事。一路上的驚喜能夠擴展你的作品，甚至是藝術形式本身。

⊙

植物蓬勃茂盛的時候，從每一枝莖、每一片葉、每一朵花，我們可以看到生命噴薄而出。一個點子蓬勃茂盛的時候，我們要怎樣才看得出來呢？

通常，最準確的標誌是情感上的，不是理智上的。興奮感往往是最好的晴雨表，指出哪些種子可以關注。有趣的事物開始匯集的時候，會引發喜悅。這是一種充滿能量的感覺，一種想要更多的感覺。一種向前的感覺。要跟隨這股能量。

在實驗階段，我們注意身體中這種自然的陶醉感。大腦的分析工作自有其時，但不是現在。現在我們跟隨的是心。在某些時候，我們也許能夠回顧，並且明白為什麼產生這種感覺。但其他時候我們沒有辦法，這也無妨。至於現在，這無須掛心。

⊙

如果兩個點子感覺起來份量差不多，而且其中一個有明顯的潛力，可以成為美好的事物，另一個潛力稍弱，但似乎更有趣，那麼就跟著你的興趣走吧。體會自己內在的感動，留意哪些事物引起你的興趣，以這兩點為基礎做出決定，對你的工作永遠是最有益的。

失敗
是你為了前往自己嚮往之處
所需要的訊息。

嘗試一切

⊙

混合綠色與黃色，得到藍色。二加二，得到四。

當我們把日常生活中的基本元素結合起來，很多結果是可以預測的。創作藝術時，各部份的總和往往與預期不符。理論與實際並不永遠一致。昨天有效的公式，可能明天就不管用。經過證明的解答，有時候是最幫不上忙的。

想像與現實之間有差距。一個點子在我們想來可能很出色。可是一旦付諸實行，也許根本無效。有的點子一開始也許看起來很沈悶。然而在執行時，也許正好就是符合需要的。

如果因為一個點子在你腦中行不通就將其拋棄，這是對藝術的損害。要真正知道一個點子可行與否，唯一的方法就是嘗試它。如果你在尋找最好的點子，那麼就嘗試一切。

盡可能多問自己「如果」。如果這是某人這輩子看見的第一幅畫？如果我去掉所有副詞？如果我把所有響亮的部份都改成安靜？尋找反面，看看會如何影響這件作品。

也許還可以暫時採用一條規則：世上沒有壞點子。嘗試一切，甚至那些看來平淡無奇或者不太可能成功的點子。

這個方法在團體合作中尤其有效。與人合作時，經常有不同想法提出來，最後形成競爭。我們根據自己的經驗，可能認為自己能夠看出來每個人想像的是什麼、結果是什麼。

但是，確切知道別人在想什麼是不可能的。如果我們不能預測自己的點子如何發展——而我們真做不到！——我們怎麼可能對別人的想法做出結論呢？

與其透過討論以找出最佳解決方案，不如把它拔脫語言的層面。要真正衡量選擇，必須把它們放進現實世界裡。盡情模擬，盡情發揮，或者建立一個模型。語言描述並不能給予它們公正的評判。

我們想建立一個環境，使得下決定的時候，免於被誤導的說服所干擾。說服導致平庸。要評估點子，點子必須被看到、被聽到、被品嘗、被觸摸。最好是由想出點子的本人來示範，或者由其監督執行，直到與其建議相符。這樣可以避免誤解。

一旦目睹這個點子被充分表達出來，你可能發現它比你原本想像的好得多。甚至可能完美契合。或者正好就是你所期待的。無論結果如何，在過程中都會收穫一些東西。允許自己犯錯，並體驗驚喜的快樂。

在尋找謎題解答的過程中，沒有什麼是錯的。每個不成功的解法都會讓你朝著有效的解法更進一步。避免拘泥於問題的具體細節。擴展你的視野。如果一個點子把作品帶到了一個能量更大的地方，那麼就順著這個新方向走。要求控制一件藝術作品，就像要求一棵橡樹根據你的意願生長一樣可笑。

讓作品朝著它尋覓的方向生長，按照它的自然狀態演進，並擁有自己的生命。享受在所有變化中循環的旅程，以揭示一件作品的真正型態。

選錯了叉路
能讓你看見
原本見不到的風景。

加工

⊙

一旦破解一顆種子的密碼，而且辨認出它的真實型態，過程就切換了。我們不再處於無限制的發現模式。清晰的方向感已經出現了。我們經常在不知不覺中進入加工階段。現在該做的是建設了。透過我們的實驗，基礎浮現了，現在我們為其增補。線稿已經畫好了。現在我們著色。

之前的階段比較自由，也比較不論結果，而現在出現的靈感與點子，則與手頭的問題直接相關。我們在尋找某個合適的形狀，能夠正好契合某個凹洞，而之前我們只是在尋找各種形狀。

在某些方面，加工階段是藝術家的工作中最平淡無奇的部份。雖然涉及創造，但往往沒有探索的魔力，更多的是砌磚一般的勞作。

這就是這趟旅程中某些人掙扎前進的節點。現在我們必須把目光從遼闊的田野上移開，專注在一道數百層的蜿蜒樓梯上。眼前是漫長危險的攀爬。

我們可能忍不住想回頭，想追逐頭頂上靈感燈泡不斷閃爍的刺激感。但前兩個階段本身幾乎沒有目的或意義。只有完成作品，藝術才可能存在，藝術家才可能進化。

⊙

我們如何決定對哪一個實驗進行加工呢？

我們繼續追隨興奮感給我們的提示。每個人必須找出自己的路。如果有幾個方向看來很吸引人，那麼就考慮同時加工多個實驗。同時做幾件事經常可以帶來一種健康的超然感。

如果單獨專注在一件事上，視野很容易變得狹隘。某個作品看似朝著正確方向前進，但我們可能與其糾纏得太緊，無法真正看清。退後幾步，再帶著新的目光回來，能夠對下一步有更清晰的洞察。先切換到其他作品，動用不同的肌肉與思考模式。這有可能照亮原本看不見的路，而其過程可能發生在幾天、幾週、幾個月、幾年之間。

即使在一個星期裡，在不同的作品之間切換也是有益的。也有些時候一顆種子的能量極大，你選擇只專注它，這都有待你抉擇。

在實驗階段，我們種下種子，灌溉，讓發芽的植物有時間在太陽下生長。我們順其自然。現在，在第三階段，我們再回到這個作品，看看自己能提供些什麼。

實驗階段與加工階段之間的界線並不是直線，這是有原因的。我們經常在這兩者之間來回切換，因為有時候我們增添的東西不如大自然帶來的東西好。當我們明白這一點，我們就會停下來，回到大自然袖手的地方。

雖然實驗階段的重點是看看種子能提供什麼，現在我們也要用上自己的濾器。回顧我們在世上的經歷總和，尋找連結：這個讓我們想到什麼？我們可以用什麼來衡量它？它與我們一生中注意到的事物有什麼關聯？

在這個階段，我們從一個已經自然開展的作品開始。我們看出它的潛能。而且我們看出自己能增添什麼、刪除什麼、結合什麼以進一步開展它。

加工階段不只是建設。它也是拆除。可以透過許多小小的修剪來完成目標，也就是開展作品。我們決定哪些細節與方向可能需要移除，這樣就能讓更多能量與關注集中哺育核心元素。

⊙

雖然加工階段可能是困難的，但未必如此。有些藝術家的焦點是為一個想法賦予形式，而非執行它。對某些作品來說，將加工階段外包是必要的。

安迪・沃荷的許多畫作是由其他藝術家以機器完成的，由他提供點子，並保留作者身份。有些著名的六〇年代加州搖滾樂團在自己的專輯中並沒有演奏。有些多產作家提供人物與故事情節，由其他作家寫出文章。

是否親自從事作品中的勞動密集工作，這無所謂對錯。這取決於作品。保持開放的心態，無論是你自己投入作品的細節中，還是往後退一步，盡一切可能讓藝術更好。

對於某些作品，藝術家可能覺得需要參與所有工作。加工的實際行動可能讓他們對這件藝術有更多了解，對細節有更多的直接控制。對於有些作品，如果藝術家在這個階段以大師或者設計者的身份指揮其他人工作，反而更好。

加工的勞作可能會令人生畏。把它當作一個遊戲的機會，會有所幫助。對一些藝術家來說，加工是他們最喜歡的部份。遵循一套說明、創造某種實際而美麗的東西，能帶來天然的喜悅與成就感。他們在這個階段投入的愛與關切，通常在最後成品中都看得出來。

動力

⊙

如果像之前的階段那樣處理，沒有邊界或時間限制，那麼加工階段可能耗時過長。

一旦收集到足夠的資料，而且遠景已經清晰，設定最後的完成期限會有幫助。選擇不再是沒有限制的，過程的結果也不再是開放式的。雖然眼下可能還看不到明確的終點線，但核心元素已經存在。

想像一下，你有一部劇本，已經寫成分鏡腳本。從分鏡腳本到影片成品，這多少是一個機械性的過程。其涉及了藝術與靈感，並有一百萬個選擇要做，但前方的道路是清晰的。我們的創作任務的變數現在縮減了。

如果我們對藍圖感到滿意，可以用許多不同方式來建造。只要我們持續參照這份藍圖，確保進行的作品與原始計畫一樣好，就可能會有好幾個很靠譜的版本。力量蘊含在基礎結構中。

如果這個作品是一棟建築，此時我們正在選擇以哪些材料去包覆它、要安裝哪種窗子。你也許有偏好，但是建築會保持自己的完整性。細節是重要的，但是不可能拖垮整個計畫。

在加工階段，最後期限是建議的完成日期，並非不能更動。在我們的執行過程中，依然有驚喜與探索，而且我們隨時都可能發現自己回到了實驗階段。

在加工過程中，藝術家可能屈服於外來壓力，為自己的作品訂下一個固定的發表日期。準備工作完善了、旁觀者收到通知了，然後，在我們埋頭努力趕往最後階段的時候，卻有一個更可取的全新方向出現了。但是藝術家已經沒有時間去研究它了，於是導致的是一個妥協的結果。

藝術家的目的並不只是產出，而是要做出力所能及的最佳作品。企業從季度營收與生產排程來考慮。藝術家從永恆卓越的角度來考慮。在加工過程中，為自己的動力設定最後期限，但是不一定要告知他人，除非有助於負起責任。

一旦加工階段接近尾聲，我們就可以開始以固定的最後期限來思考。

⊙

加工打磨之中有一個矛盾。為了創作自己的最佳作品，我們很有耐性，避免倉促草率，但同時我們又迅速工作，毫不拖延。

如果在這個階段停留太久，可能出現許多陷阱。其一是失去連結。有時候，藝術家在創作一件美麗的作品，無休無止精心打磨，超出了必要的範圍，他們會突然想要重新開始。這可能是因為他們變了，或者時刻變了。

藝術，是藝術家的內在與外在世界在創作期間的反映。如果這個期間被拉長，會導致藝術家抓住現下狀態的能力變得混亂。結果可能是隨著時間流逝對作品失去連結與熱情。

還有一種障礙，我們可稱之為「試聽帶依賴」（demo-itis）[7]。這種情況指的是藝術家堅持自己的初稿，把時間拖得太長。與未完成的作品待在一起太久是有危險的，通常一位藝術家接觸某版草稿的時間愈長，這份草稿在他們心目中就愈像是最終成品。音樂家可能很快就錄好一首歌的試聽帶，然後把它聽上數千次，想像它能開展到什麼程度。但是到了要實際做出最佳版本的時候，試聽帶可能已經刻進他們腦中，以至於任何改動都像是褻瀆。當我們過於執著作品的未成熟版本，我們就損害了這個作品的潛力。

為了避免試聽帶依賴，有一個簡單的技巧。除非是正在主動研究、讓這件事物變得更好，否則不聽它、不讀、不彈奏、不看，也不向朋友展示。加工時盡可能向前推進，然後保持距離，不要一再深入接觸這件未完成的作品。我們不讓進行中的作品成為標準版本，就留下了繼續成長、改變、開展的空間。

要記住的是，非常好的東西也有可能很快就做出來。藝術家可能花五分鐘為一個作品畫了一份草圖，然後就不怎麼想到它了。他可能感受

7 譯註：音樂行業用語。歌手或樂手對於一首作品的初期混音版本產生心理依賴，無法接受其他版本。

到這顆種子的巨大潛力，然後花了幾個小時或者幾年將它拓展得更豐富。但也許一開始在五分鐘內誕生的草圖與試聽帶其實是最好的，能夠將這顆種子表達得最純粹。我們也許在對其加以潤色或者放下一段時間之後，才會領悟過來這一點。

有些人遇到的另一個障礙是他們對作品的願景超出了他們的表現能力。他們聽得見伴奏鼓點，但是其節奏比他們的演奏能力更複雜。他們想像得出舞步，但是他們的身體無法優雅地完成這些動作。於是下一步看起來似乎是不可能的跨躍。

在這種時候，很容易感到沮喪。我們把自己心中對作品的幻想，誤以為是實際可能成為的樣子。的確有的時候，我們對一件作品的精神概念幾乎直接轉化為實體存在。其他時候，則是一個不現實的理想化版本。有時我們對作品的願景是一個要努力追求的目標，而在過程中，我們才明白自己將抵達的是一個出乎意料的全新目的地。

如果對作品沒有比較宏偉的願景，其實這可能正好把它放到了合適的位置。不要讓你的想像力妨礙你去執行更實際的作品版本。之後我們可能會明白，這個版本其實比一開始看似不可能的設想更好。

⊙

當你在加工階段進展順利，要努力完成第一稿。保持這種動力。如果你碰到了工作中給你帶來麻煩的部份，不要讓這個障礙阻擋你，要繞過去。雖然你的直覺可能是按照順序創作，但是要繞過你被卡住的部份，完成其他部份，然後回來處理它。

有時一旦整體背景浮現了，針對這些障礙的解決方法就會顯現出來。一座橋，在兩岸情況都清楚的時候，會比較容易被蓋起來。

還有一個好處是，如果你被卡在中間，知道作品只完成了一半，這可能會令你感到手足無措。但如果你去完成藍圖的其餘部份，再回到你跳過的部份，它只佔作品整體的百分之五或十，這時感覺就容易完成了。終點已經在可見範圍內，就更能感到動力去完成。

如果你拿著拼圖的一塊中心點，看著一片空白的桌面，就很難決定要把它放在哪裡。如果拼圖其他部份都已完成，只缺這一塊，你就知道它到底屬於哪個位置了。藝術也差不多是這樣。對於一件作品，你能看到的部份愈多，就愈能輕鬆地把最後的細節放在明顯屬於它的位置。

藝術是選擇有技巧地做一件事，
注意細節，
以全部的自己
做出力所能及的最佳作品。
它超越了自以為是、虛榮、自我美化，
以及對認可的需求。

觀點

⊙

藝術的目標並不是達到完美。而是分享我們是什麼樣的人。以及我們如何看這個世界。

藝術家讓我們看見我們無法看見的，但是多少已經知道的事物。也許是一幅與我們自己所見截然不同的世界觀。或者是與我們所見的非常接近，彷彿藝術家是透過我們的雙眼在觀看，猶如奇蹟一般。無論是哪種情況，藝術家的觀察都能提醒我們，我們是什麼樣的人、我們能夠成為什麼樣的人。

藝術產生共鳴的一個原因是人類如此相似。作品中的共同經驗吸引我們。包括其中的不完美。我們從中辨認出自己的某些部份，感到自己被理解。並且有所連結。

卡爾・羅傑斯（Carl Rogers）[8]說：「個人的就是普遍的。」個人是使得藝術重要的原因。重要的是我們的觀點，而非我們的繪畫技術，或者音樂修養，或者講故事的能力。

想想藝術與大部份其他領域的區別。在藝術上，我們的濾器是作品的決定性因素。在科學與科技領域，目標則有所不同。我們創作藝術不是為了給別人製作有用的東西。我們創作是為了表達我們是什麼人。我

8 譯註：美國心理學家，一九〇二～一九八七。

們是誰以及我們在我們的旅程上的什麼位置。

我們的觀點不必連貫一致，而且我們的觀點通常並不簡單。在不同的主題上，我們可能有不同的觀點，有時自相矛盾。如果要把一切濃縮成一種毫不費力的表達，這是不現實的，也是有侷限的。

無論我們的觀點是什麼，只要我們不加變更、不加修改、忠實分享它，我們就實現了藝術的基本目的。

在創造藝術時，我們創造了一面鏡子，有人可以在其中看見自己隱藏的倒影。

⊙

觀點與意見是不一樣的。

意見是有意表達出來的想法。觀點是作品浮現的視角，無論有意識還是無意識的視角。

一件作品要表達的意見通常不是吸引我們的原因。吸引我們的是藝術家的濾鏡折射思想的方式，而非這些思想本身。

讓人知道你的觀點是沒有用的。它已經在那裡了，在背後發揮功能，不斷演進。刻意描繪觀點往往導致虛偽的表達。如果我們堅持與自己的觀點有關的敘事，這些敘事就會是不準確的、有限的。

韋恩・戴爾（Wayne Dyer）[9]說，你擠壓一個柳橙，出來的是柳橙汁。而當你被擠壓，出來的無論是什麼，都是你內裡的東西。這種精華就含有你的觀點，哪怕你根本不知道自己擁有這個觀點。它被燒固成形，成為你創作的藝術、你分享的看法。

9 譯註：美國作家、勵志演說者，一九四〇～二〇一五。

有可能在一部作品完成很久之後，我們才會回顧，並了解我們在其中的真正觀點。

我們不需要刻意製造一個觀點。到了它出現的時候，就自會出現。真正的觀點已經在創作與感知的無意行為中表現出來了。明白這一點使人感到自由，解除一些壓力。我們可以不那麼掛心要去了解它為何有效，或者他人是否了解我們從何而來。我們自由地存在，讓材料通過我們，也可以在材料通過我們的時候，自由地讓出路來。

藝術的偉大，很多是在直覺層面上感受到的。你的自我表達允許觀賞的人有自己的自我表達。如果你的作品引起共鳴，那麼你是否被聽到或者被理解，就無關緊要了。

關於你的作品是否有人理解，要拋開這種掛慮。這些念頭只能造成干擾，對藝術與觀賞人來說都是如此。大多數人並不喜歡別人告訴他們該思考什麼、感受什麼。

偉大的藝術是透過自由的自我表達而創作出來的，也是透過自由的個人詮釋而被接受的。

偉大的藝術開啟對話，而不是關閉對話。而且這種對話往往是偶然開始的。

⊙

大多數人類都喜歡融入團體。

我們不僅要適應那些不斷變化並通過我們的材料，還要適應我們周圍文化的界限與模板。

千篇一律能否誕生出偉大的藝術？如果我們否決自己獨特的個人觀點，身為藝術家的目的又是什麼？

我們這些選擇以藝術家身份生活的人，會全心接納我們的濾鏡，視其為天賜的禮物。如果拒絕它就會是悲劇。它折射的光線投射出我們的獨特景觀，這是由我們的藝術可能性形成的。一件藝術品怎麼可能是充滿內疚的快感呢？

⊙

披頭四的靈感來自美國搖滾樂，比如查克・貝瑞（Chuck Berry）及雪莉合唱團（Shirelles）。可是披頭四演奏的時候，一切都不一樣。這不是因為他們想要不一樣。是因為他們自己不一樣。整個世界也對他們發出了回應。

原本是模仿，變成真正的創新，這種例子不勝枚舉。如果對某位藝術家、某個流派或某項傳統有著浪漫的遠景，這可能會讓你創造出新事物，因為與更貼近它的人比起來，你來自一個不同的視角。塞吉歐・

李昂尼（Sergio Leone）的義大利式西部片與他想要仿效的一九四〇與一九五〇年代美國西部片比起來，是一種抽象的迷幻神話。

模仿另一位藝術家的觀點是不可能的；我們悠游的就是同一片海洋。所以，在尋找你自己的聲音的道路上，就盡情臨摹那些啟發你的作品。這是一項久經考驗的傳統。

⊙

在文化中，過去、現在與未來之間一直有著對話，即使在影響尚不清晰的時候也是如此。我們身為創作者與愛好者，分享並接收觀點，以便加入及推動這種交流。

當我們聽見一件新的事物，它能讓我們領悟自己曾經走過何處、將走向何方。原本我們可能以為自己只能往前走。可是如果有人左轉，這就讓我們發現自己也可以右轉。我們右轉也可能啟發他人探索一個全新的方向。

這是一個共生的循環。文化啟發你，告訴你，你是誰。而你是誰則啟發了你的作品。你的作品再反哺文化。

如果沒有數百萬不同觀點在同時分享，這種朝向未知的持續行進就不可能存在。

在世上表達自己，這與創作是一樣的。知道自己是誰，但是不以某些方式表達出來，這應該是不可能的。

突破千篇一律

⊙

在加工階段，有時你會碰壁，作品沒有起色。在你想迴避之前，有必要找出一種方法來打破這種千篇一律，重新激發自己在作品中的興奮感，就像是第一次投入一樣。

在錄音室裡，對於想要達到這種效果的藝術家，我偶爾會建議做點練習。我們嘗試這些練習，不過對結果沒有預期。目的只是重燃興奮感，並收穫新的表演方式。

以下是其中幾個練習。無論你是否發現自己陷入僵局，這些練習也許都能啟發你，讓你在選擇的領域中進行類似實驗。

小步走

有一次，為了給一位遭遇阻滯的音樂家創造動力，我們給他一個小任務：每天只寫一行。他對這一行感覺好壞都無所謂，只要專心寫。如果有更多靈感當然很好，但不是必要的。把看似無法逾越的東西分解成單行，於是他能夠重新打開創作的通道，終於再次開始寫出整首歌。這比預料的還快得多。

改變環境

如果我們在尋找一種不同性質的表現方式，那麼改變環境中的一個元素會有幫助。關掉燈，在黑暗中彈奏，可以造成意識的轉變，打破一首接一首的雷同鏈條。我們實驗過的其他改變。包括讓歌手拿著麥克風而不是站在麥克風前面，以及一早錄音而非晚上錄音。

改變賭注

除了改變外在環境，你還可以改變內在。如果樂團想像這是自己最後一次演奏這首歌，那麼演奏的方式就可能不一樣，而非僅僅把它視為又一次重複。有時候可以降低賭注，比如在錄音前排練一次，可能會帶來最佳表現。

邀請觀賞者

如果一位藝術家在眾人面前會更加充滿活力，我們就帶一些人去看他的表演。藝術家被人觀看，就會改變表現方式。即使觀眾只有一人，而且不是這個作品的參與者，這也很足夠了。有些藝術家在一群觀眾面前可能表現過火，有些藝術家可能有所保留，但是在有其他人在場的情況下，大多數藝術家都會更專注。即使你從事的不是表演藝術，而是寫作、烹飪等等，如果有一名觀賞者在場，也很可能改變。我們的目標是找出每種情況下，讓你發揮最佳的具體因素。

改變語境

有時候，歌手對某首歌沒有連結，就像演員把台詞說砸了，毫無效果。為歌詞創造新的含意或者額外的背景故事可能會有幫助。同一首情歌，唱給失散多年的靈魂伴侶，或者唱給相處三十年卻不和的夥伴，或者唱給你在街上看見卻沒有交談過的某個人，或者唱給你的母親，聽起來可能都不一樣。

我曾經建議某位藝術家，把一首寫給某位女子的情歌，唱成獻給上帝的歌。我們可以在唱一首歌的時候嘗試許多不同排列組合，而且歌詞不變，看看哪個版本能帶來最好的表現。

改變視角

有時我們在錄音室使用的一種技巧是把耳機音量調得非常大。當每一個聲音都在你耳中爆炸，你就會自然而然演奏得比較安靜以恢復平衡。這是被迫的視角變化，可以帶來非常細緻的表演。甚至人聲也會變得輕聲細語，因為任何超出這個程度的東西都會令人受不了。反之，如果要讓人唱得更響亮、投入更多能量，我會要求他們把耳機裡的人聲音量調低，這樣他們的聲音就會被器樂淹沒。無論在什麼情況下，如果任務很難完成，通常都能有某種方法用以設計環境，使其自然促成你正在努力達到的表現。

在音樂會中設置燈光，讓表演者能夠看見人群及臉孔，或者什麼都看不見，這兩種都能改變表演。如果表演者使用入耳式監聽耳機，那麼他們只能聽見自己正在表演的音樂，聽不見觀眾的反應。如果加入人群的歡呼尖叫聲，就會非常不一樣。值得嘗試不同場景，以觀察帶來何種效果，並找到你想要的表現方式。

為某人寫歌

對於那些自己寫歌的音樂家，我通常這樣建議：「想像一下，你最喜愛的藝術家請你為他的下一張專輯寫一首歌。這首歌聽起來會是什麼樣子？」

為你喜愛的藝術家創作一些你渴望聽到他們表演的東西，能讓這個過程去掉個人因素，讓創作者擺脫自己的束縛。經典的女權歌曲〈(You Make Me Feel Like) a Natural Woman〉，是由卡羅・金恩（Carole King）及蓋瑞・高芬（Gerry Goffin）創作，由金恩演唱——當然了，後來由艾瑞莎・富蘭克林演唱。當我得知歌詞是高芬寫的，而音樂是金恩寫的，我感到非常驚訝。

有時候，我會要求音樂家選擇一位詞作及觀點都與他們自己不同的藝術家，以此避免職業生涯中可能出現的雷同現象。如果一位藝術家通常自信滿滿，我們可能選擇一位比較脆弱、輕柔溫和的作詞家。如果你傾向用X風格來創作，選擇一位與X極端相反的藝術家會很有趣。這首歌未必會變好。但是觀察它的走向就是很有趣的一件事。有時候那正好就是你要去的方向。

和其他練習一樣，這項練習也可以應用在所有領域。如果你是畫家，就創作一幅你最喜愛的藝術家的原創新作，如此可以打開一條通道，通往有趣的結果。許多藝術家對自己的拿手範圍有明確的認知，這最後會成為一種限制。所以，跳出自己，進入別人的領域，這是有幫助的。

增添想像畫面

有一次我在做一張專輯，樂團在鍵盤獨奏段落苦苦掙扎，心情不佳。我們想要一些更壯觀的東西。我們沒有參考別的音樂，而是創造了一個場景。我們描述一場戰役後的景象：「想像一下，有一座青翠美麗的山坡，長滿了林木花草，令人屏息。而一場戰役剛剛結束，山坡上硝煙飄散，隨處可見受傷的士兵，等待救援到來。」我們非常生動地描述這個場景，最後說了一句「就照這樣獨奏」，然後按下錄音鍵。鍵盤手開始彈奏得十分漂亮。

從那次開始，這就是我們一直使用的技巧。甚至我們經常不知道描述的景象與我們想聽到的東西之間有什麼關聯。想像一幅特定的景象或者故事，或者想想自己正在為一部電影做配樂，經常能為一首曲折的音樂帶來一個更強烈的方向。

限制訊息

詞曲作者把一首歌的試聽帶交給樂團，在錄音室錄音，這個時候，我不會讓樂手知道試聽帶的音樂樣式與風格特徵。我會讓一位樂手——通常是吉他手——聽試聽帶，記住和弦，然後在歌詞上標記下來，交給樂團。

於是吉他手和歌手就可以演奏了，沒有任何節奏上的暗示，只有他們自己的演奏方式所蘊含的速度。

與偉大的音樂家一起工作的時候，這樣可以讓他們更加自由發揮自己。他們做的不是照著試聽帶很好地演奏一遍，而是全面運用自已的創造力以及取決能力，把歌曲帶到一個新的、往往出乎意料的地方。嘗試了不同方式之後，如果結果都不是很出色，這個時候他們才會聽試聽帶，不過這種情況很少發生。

大原則是要保護並限制與你一起工作的人，不讓他們經歷可能干擾其創作過程的事物。將訊息限制在最簡單的草圖階段。如果你要創作者全心投入，就要給他們最大的創作自由。如果你給編劇一本書、一個大綱、一句話，讓他寫成腳本，會出現彼此大相逕庭的劇本。

這些練習並非一成不變。其目的是要建立不同觀點或者條件，看看自己或者合作者最終能做到什麼。關於這些實驗，可以考慮發明自己的版本。如果要使用這些實驗，可以試試改變其中一些參數，或者在合適的時候完全去除參數。實驗本身並不重要。目的是建立一套結構，以超越你通常的方法，找到向前的新道路。

完工

⊙

作品在加工階段逐漸改進，此時你已經完全探索了所有可用的選擇。種子已經得到充分表現，你已經把它修剪得很滿意了。不必再增加或者刪減什麼。作品的精髓清晰真實。這些時候就有一種成就感。從這裡，我們進入創作過程的最後一步。

在完工階段，我們放下發現與建造。我們有大量加工過的材料，最終的型態將會提煉出來，並向世界發表。

每個作品的收尾和微調都不同。可能很簡單，像是給一幅畫裝框、給一部電影調色、調整一首歌的最終混音、重讀手稿以確定措辭恰到好處。

就和創造力的修行中的其他階段一樣，完工階段並不是一條清晰的線，讓你在直線前進的旅途上跨過去就行了。在準備分享作品的過程中，你可能發現還有更多事情要做。可能需要修改、添加、刪減，或者其他必要的改動。於是你退回加工階段或者實驗階段，再一次向前努力。

我們可以把完工階段視為生產線的最後一站。成品經過檢查，以確保符合你的最高標準。如果不符，你就把它送回去改進。它符合標準了，你就簽字放行，然後開始你人生作品的下一章——無論那是什麼東西。

⊙

一旦你感覺作品接近完成，就向其他視角的人們開放作品，這會有幫助。

主要目的是收到評論或者意見。這是你的作品，你的表達。你是唯一有意義的觀賞者。這樣做的目的是讓你重新體驗這件作品。

我們為別人演奏音樂的時候，我們聽見的就和自己專注聆聽的不一樣。彷彿是借來第二雙耳朵。我們未必是在尋找旁觀視角。我們更感興趣的是擴展自己的視角。

如果我們寫一篇文章然後給朋友看，這樣一來，甚至在聽到他們的看法之前，我們與作品的關係就已經改變了。如果把它交給一位指導者，我們的看法又以不同的方式改變了。當我們把自己的作品交給他人，我們就是在審視自己。我們向自己提出一些當初創作時並沒有提出的問題。以這樣的有限的身份分享作品，能讓我們潛在的疑慮浮現。

如果有人選擇說出評論，那麼請仔細聆聽以了解這個人，而非了解這件作品。人們在表達評論的時候，訴說的更多是關於他們自己的事物，而非關於藝術。我們每個人看到的世界都是獨特的。

有時候，一句評論也能一語道破。它能與我們感受的某種事物共鳴，無論是在我們的意識中，或者在意識背後，而且我們可以發現改進的空間。還有些時候，一句論評會觸動我們的神經，於是我們為作品辯護，或者失去信心。

在這種時候，以中立的心態拉開距離、重新定位、再回來，會有幫助。批評讓我們以一種新方式投入自己的作品。我們可能同意這些批評，也可能加倍堅持我們本來的直覺。

有時候，一項挑戰讓我們專注在作品的某個面向，並且明白這個面向比我們原來以為的更重要。在這個過程中，在了解作品與自己這件事上，我們接觸到了更深的泉源。

在你收集評論意見時，得到的解決方案看起來未必有用。在丟開它們之前，花一點時間看看，它們是否指向某個你沒有注意到的潛在問題。

比如某個建議是刪掉一首歌裡的過渡段落，你可將其解讀為「可以重新檢查一下過渡段落」。於是你著手在整首歌的背景之下審視它。

如果你真的創作了一件創新的作品，那麼遠離它的人可能與親近它的人一樣多。最好的藝術會分化觀賞者。如果每個人都喜歡，可能你走得還不夠遠。

歸根結柢，你是唯一必須喜愛它的人。這件作品是為了你。

⊙

到了什麼時候作品才算完成？

沒有公式或者方法可以找到答案。這是一種直覺：

「當你感覺它完成了，那就是完成了。」

雖然我們在過程早期避免設定最後期限，但是在完工階段，設定一個截止日期可以幫助你注意到時間，並且支援你完成作品。

藝術不是按著時間做出來的。但是可以按著時間完成。

有些人會覺得這是整個過程中最艱難的部份。他們頑固地拒絕放手。直到此時，陶土都還是軟的。一切都還能改變。一旦固定，控制就不在我們手中了。這種對永久性的恐懼在藝術以外的領域也很常見。它被稱為承諾恐懼症。

最後一章即將結束的時候，我們可能會製造藉口，拖延完成作品。情況可能是突然對作品失去信心。認定它已經不夠好了。我們發現了根本不存在的缺陷。我們做一些無關緊要的改變。我們感覺到遠方的幻影，似乎那是更好的創意，還沒有被發現。而且只要我們繼續幹，說不定哪天它就會到來。

當你相信面前的這件作品即將永遠定義你，你就很難放手。對完美的渴望排山倒海。它實在太強烈了。我們被釘在原地，有時最終會說服自己，相信徹底放棄這件作品才是前進的唯一道路。

這個世界唯一能夠被人們欣賞到的藝術，來自克服了這些障礙並發表作品的創作者。世上也許曾經有過比我們所知更偉大的藝術家，但他們並未完成這一步飛躍。

如果我們能夠記住，每一件作品都不可能完全反映我們，而只是反映了我們此時是什麼樣的人，那麼向世界發表作品就容易些了。如果我們遲疑等待，它反映的就不再是今天。在接下來的一年裡，我們可能會受到指引，創作一些與它完全不同的東西。作品是有時間線的。季節流逝會使得這件作品對我們的價值煙消雲散。

抓住自己的作品不放，就像花幾年時間每天寫一篇一模一樣的日記。瞬間與機遇失去了。接下來的作品被剝奪了本來可能獲得的生命。

如果懷疑與思慮阻礙了你的進程，有多少頁將因此留白？把這個問

完工

題放在你心中。它也許可以讓你更自由地前進。

在一個一切皆非永恆的環境中，我們做出了不變的人工創造物。精神的紀念碑。我們希望它們永久留存，在逝去的每一代裡都持續共鳴。有些創造物可能做得到，很多做不到。這是無法預知的。我們只能繼續建造。

當你與自己的作品同步，就會出現一個可以發表它的時刻，然後繼續前進。

每一個新的作品都是一個機會，讓你與遇見的一切交流。一個上場揮棒打擊的機會、一個連結的機會。你內在生命的日記又寫上了一頁。

⊙

關於發表作品的憂慮，根源可能是更深的焦慮。也許是害怕受評判，害怕受誤解、忽視，害怕不被喜愛。將來還會有更多點子嗎？會不會像這次這麼好？

到底有沒有人在意？

放手的過程之一，是放開所有關於你與作品是否會被接受的思慮。創作藝術的時候，把觀眾排在最後。在作品完成而且受到我們喜愛之前，不要考慮觀眾對作品的反應或我們的發表策略。

這與一件作品的完美是兩回事。我們可以與自己曾經參與的作品交流，並且辨認出哪裡不對勁。也許在我們完成它的那一刻沒有看出來，但是在我們回顧的時候往往看得出來。永遠有必須改變之處；沒有正確的版本；每件藝術作品都只是其中一個版本。

創作藝術的最大回報之一就是我們有能力分享它。即使沒有觀賞人來接收，我們也還是培養了力量，這種力量能夠製作東西，並將它投入世界。完成我們的作品是一個值得養成的好習慣。它能增強信心。雖然我們缺乏安全感，但是我們能夠發表作品的次數愈多，不安全感就愈輕。

要避免過度思考。當你對作品感到滿意，並感動地與一位朋友分享，這個時候應該就可以與世界分享了。

最後的階段是沃土時期，應該播種新作物。對下一步的興奮感能夠產生必要的能量，使目前的作品收尾結束。你可能會發現，當新點子開始湧現，你很難專注於手頭上的作品。遇上這種難題是好事。乘著下一個作品的生命力馳騁，經常能夠打破我們在手頭作品的入神狀態。我們等不及要完成，因為有一個新想法在召喚，讓我們活躍起來。

現在該開始下一步
是因為時鐘或者日曆
這麼說，
還是因為作品本身
這麼說？

豐富的心態

⊙

一條材料的河流，從我們身上流過。當我們分享自己的作品與想法，就又充實了這條河流。一但我們將所有的東西都囤積在內部，阻塞了流動，這條河就無法流動，新的想法出現的速度就會變慢。

在豐富的心態下，這條河永不枯竭。永遠有點子不斷流過。而且藝術家可以自由地發表點子，因為相信還有更多點子會出現。

如果我們生活在匱乏的心態下，就會把好點子藏起來。比如喜劇演員，也許得到了一個完美的機會，可以表演自己最喜歡的自創笑話，但是他把這個笑話保留起來，等待一個更受矚目的場合。當我們使用自己的材料，新的內容就會出現。而且我們分享愈多，我們的技藝就進步愈多。

選擇生活在匱乏之中，會導致停滯。如果我們一直做同一個作品，就永遠沒有機會做下一個了。對乾涸的恐懼以及對完美的衝動，阻礙了我們前進，堵塞了河流。

這兩種心態帶來的是同一條規則：我們專注於什麼，就得到什麼。

如果內心創造的世界是受限的，我們認為自己的思想與材料的價值不足，那麼我們就看不到宇宙提供的靈感。

河流也慢了下來。

在豐富的世界裡，我們有更大的能力去完成並發表作品。有這麼多點子可用、這麼多偉大的藝術要做，我們自然會投入、放手，然後繼續前進。

如果只有一件作品要做，而我們打算在完成後退休，那麼就沒有完成的動力。如果每件作品都被認為是我們的決定性作品，我們就會沒完沒了地修改、重寫，追求不切實際的理想完美。

比如音樂家可能拖延發表專輯，因為害怕自己沒有把歌曲發揮極致。但是一張專輯只是某個時刻的一頁日記、一張快照，反映了這位藝術家在這段時間裡是什麼樣的人。日記裡的區區一頁不是我們的人生故事。

我們一生的作品遠比任何單一的容器更加偉大。我們做的工作頂多是一些章節。永遠會有新的篇章，然後又會有新的篇章。雖然有些篇章比其他的好，但這不是我們關心的重點。我們的目標是自由地完成一個篇章，然後開始下一個，隨我們高興繼續這個過程。

你的舊作不比新作好。你的新作也不比舊作好。藝術家的一生有高低起伏。如果你認為其中有一段黃金期，而且自己已經過了黃金期，那麼只有當你接受了這個前提，這種情況才會成真。在每一個時刻、每一個篇章，投入你最大的努力，這是我們希望達到的。

我們永遠有更多能夠改進，或者有別的版本要做。我們可能在某件事上又做了兩年，然後它就不一樣了。但是沒有辦法知道它會更好還是更糟——只是不一樣罷了。就像你自己也是。而且你有可能超越了幾年來辛苦琢磨的這件作品；你的倒影已經褪去，這件作品看起來更像是一張老照片，而非鏡子裡的映象。對於你已經失去連結的一件作品，還要完成並分享，這是索然無味的。

明白一切是豐富的，這會讓我們充滿希望，最奇妙的點子還在未來等待著我們，最偉大的作品還未到來。我們能夠生活在充滿創造動力的狀態中，自由創作，放手，做下一件，再放手。隨著我們創作出的每一個篇章，我們獲得經驗，琢磨技藝，一點一點接近我們自己。

實驗者與完成者

⊙

以本性而言，許多藝術家往往屬於這兩者之一：實驗者或完成者。

實驗者偏向夢想與遊戲，比較難於完成並發表作品。

完成者則是鏡像，一個相反的映象。他們很快抵達終點，直接明確。對於實驗與加工階段所能提出的可能性探索及其他選擇不太感興趣。

而兩者都可能發現，向對方借鑑是會有幫助的。

完成者如果在前期多花一點時間，可能會受益。做的時候，要超出最低要求，將其他材料、考慮因素、視角加以實驗。在創作過程中留出空間，允許即興與驚喜。

實驗者如果堅持完成作品的一個面向，可能會受益。可能是一幅畫、一首歌、書裡的一章。甚至做一個用以建構的基礎決定，也能有幫助。以一張專輯為例。如果你是音樂家，正在為十首歌痛苦掙扎，那麼就把你的焦點縮小至兩首歌。我們讓任務更容易上手、更集中，就會產生變化。即使完成一小部份也能建立信心。

比起從零到二，從二到三就容易一些。如果你不巧被三卡住，那就跳過它，做完四和五。

在不被妨礙的前提下，盡可能多完成作品的元素。一旦工作量減少，再繞回來就容易多了。我們從完成其它零碎片段所得到的知識，通常是克服早期障礙的關鍵。

暫時的規則

⊙

藝術的大部份過程都涉及忽視規則、放棄規則、破壞規則、根除我們正在遵循卻毫無所覺的規則。但也有應該樹立規則的地方。這就是將規則當作工具使用，以界定一個特定的作品。

在材料、時間、預算都沒有限制的時候，你就有無限的選擇。當你接受了限制，選擇的範圍就縮小了。無論限制是有意為之或必須如此，把限制看作機會是很有幫助的。

把它想成為每個作品設置一塊調色盤。在這些限制下，與解決問題有關的各方面就變得更具體，並且可能不會有即刻適用的解決方案。這樣精選刪減有助於賦予新作品特色，並使其與過去的努力區別開來，獲得具有突破性成果的潛力。新穎的問題會帶來原創的答案。

喬治・培瑞克（Georges Perec）[10]寫過一本書，整本書完全沒有使用法文裡最常見的字母e。此書後來成為現代文學最著名的實驗性作品。

畫家伊夫・克萊因（Yves Klein）[11]決定把自己的調色板限制為單色。這讓他發現了人們從未見過的一種藍色調。許多人認為這個色調本身已經實際上變成了他的藝術，後來被命名為「國際克萊因藍」（International

---

10 譯註：法國小說家，一九三六～一九八二。此處提到的小說為《La disparition》(1969)。

11 譯註：法國藝術家，一九二八～一九六二。

Klein Blue）。

導演拉斯・馮・提爾（Lars von Trier）提出十條規則，即逗馬宣言（Dogme 95 The Vow of Chastity）[12]，旨在減少電影製作的人為因素。規則如下：

1. 攝影必須在現場完成，不可以添加邏輯上不存在於該環境的道具或佈景。
2. 聲音只能是劇情中的，而且是角色能夠聽見的。絕對不可製造聲音，比如場景中沒有的配樂。
3. 所有攝影必須是手持的。移動、不動、穩定都必須靠手來實現。
4. 影片必須是彩色的，沒有特殊打光。如果沒有足夠光源，可以在攝影機上加一盞燈。
5. 不能有任何光學處理及濾鏡。

6. 不能有「表面的」（superficial）動作（比如表演殺人、精心設計的特技等等）。

7. 嚴格禁止地理上的轉移，也就是影片必須發生在當時當地。

8. 不能有類型片。

9. 唯一接受的影片格式是 35mm，美國影藝學院規格。

10. 導演不能署名。

在宣言三年後，湯瑪斯・凡提伯格（Thomas Vinterberg）發表第一部正式的逗馬宣言影片，名為《那一個晚上》（The Celebration/Festen）。這部影片立刻獲得好評，並贏得一九九八年坎城影展評審團獎。

---

12 譯註：在一九九五年發起。

鍵盤手莫尼・馬克（Money Mark）受到馮・提爾的啟發，發佈了一套適用於音樂的類似規則，以此錄製出一張他最受好評的專輯。

棒球與籃球的規則定義了該項運動，而且很少更改。創新只存在於這些規則中。我們身為藝術家，在每次玩耍的時候都能創造一套新規則。如果某項發現給了我們動力，在仔細考量之後，我們可能選擇在作品的發展過程中打破規則。雖然做出這些改變很容易，但是如果不認真看待規則，規則就沒有什麼用處了。

規則沒有好壞。只有是否適合當下情況、對藝術有益。如果目標是盡可能創造最美的作品，那麼一切對此目標真正有利的指示都是對的。

⊙

對於已經做了一些工作的藝術家來說，樹立規則是最有價值的。如果你已經在一門手藝或領域中站穩腳跟，那麼暫時的規則可能有助於打破常規。它能挑戰你，讓你變得更好，讓你創新，讓你展現自己或者工作的新的一面。

一些大師選擇改用不太熟悉的樂器或媒介，因為這種挑戰會免除他們受技藝左右，揭示出他們真正的藝術大師身份。

變化一些基本元素，強迫自己走出舒適區。如果你一向在筆記型電腦上寫作，就試試用黃色拍紙簿。如果你是右撇子，就改用左手畫畫。如果你的旋律以器樂為基礎，那就寫一個無伴奏合唱。如果你的影片使用專業器材，那就考慮以手機錄影完成一整部電影。如果你一向在演出角色之前先做研究，那就試試即興創作。

無論你選擇什麼，都要選擇一個能夠打破你正常節奏的框架，看看它能把你引向何方。你設立的限制本質，就能讓這項作品與之前做過的不同。至於是否能夠更好，並不重要。目的是發現自我。

如果你通常寫的是短段落，你可以嘗試長段落。也許你不會很喜歡這個新的形式，但是你可能在過程中學到一些事物，可以增進你的短段落。透過打破規則，你將會對自己過去的選擇有更深入的理解。

一些成功藝術家在考慮改變風格或方法的時候，擔心的是自己的追隨者。他們會自問「觀眾會不會也跟來呢？」

在探索新的地平線的時候，你很可能會失去一些粉絲。也可能出現新粉絲。無論是哪種情況，如果你決定把自己的工作限制在熟悉的範圍裡，對你自己與觀賞者來說都是一種損害。當你一遍又一遍走在同一片土地上，好奇與發現的能量可能會消失。

規則是建立感知的一種方式。

偉大

⊙

想像你要孤身住在山頂上，住一輩子。你蓋了一棟房子，永遠不會有人造訪。但是你依然投入時間精力，策劃你在此度日的空間。木材、盤子、抱枕——全都精美絕倫，按照你的品味精心挑選。

這就是偉大藝術的精粹。我們創造它，不是為了任何目的，只是為了創造我們自己眼中的美，把自己全部投入每一個作品，無論它有什麼元素與限制。把它想成一種奉獻，一種虔誠的舉動。我們盡力做得最好，是因為我們能看到最好——以我們自己的品味。不是別人的。

我們創造自己的藝術，這樣我們才可以身歷其境。

對偉大的衡量是主觀的，就像藝術本身。並沒有固定標準。我們是在為一位觀眾表演。

如果你覺得「我不喜歡它，不過會有別人喜歡」，那麼你就不是在為了自己創作藝術。你是在商業領域裡，不過這也很好；只是這可能不是藝術。這兩者之間沒有明顯的區別。你的創作愈是遵循公式，就愈貼近一向的流行，也就愈不可能像藝術。而且，事實上，本著這種精神的創作甚至通常無法達到它本來的目的。要預測別人是否會喜歡，最有效的衡量標準往往是我們自己是否喜歡。

懼怕批評、依戀商業成果、與過去的成績競爭、時間與資源的限制、想要改變世界的願望，以及超出了「我要做出力所能及最好的東西，無論它是什麼」的任何故事，這些在追求偉大的過程中都是破壞性的力量。

不要專注於做這件事能帶給你什麼，要專注於你對這門藝術的貢獻，讓它盡可能成為最好的，沒有上限。

如果你只懷著功能性目的去創作，比如設計一輛能夠達到某某最高速度的汽車，那麼創作性以外的其它意圖就可能很要緊。如果你的作品是純粹的藝術，那麼就要調整你內心的聲音，重新專注在純粹的創作性意圖上。

以做偉大的工作為目標，僅僅如此就能產生漣漪般的反應。這就為你做的每一件事設置了一道標竿，不僅可能將你的工作提升到新高度，還能提升你整個生命的動力。甚至可能激勵他人，讓他們盡自己最大的努力。偉大產生偉大，這是有感染力的。

成功

⊙

我們該如何衡量成功？

不是人氣，金錢，或者評論推崇。成功是在靈魂深處。在你決定發表作品的那一刻，作品還沒有接觸到任何意見，此時成功就已經降臨了。在你已經盡力以發揮作品最大潛能的那一刻。在你感到滿意，準備放手的那一刻。

成功與其他變數之間沒有關係，只與你自己有關。

向前走，是成功的一個面向。這件事，會在我們完成作品、分享作品，以及展開新專案的時候發生。

在這寧靜的成就感之後，無論隨之而來的是什麼，都受到了市場條件的影響，那些條件非我們所能企及。我們的使命是盡自己的能力做出美好的作品。有時我們會得到掌聲與獎勵，有時不會。但是，假如我們為了預測他人的喜好，而質疑自己的內在感知，我們最傑出的作品將永遠不會出現。

⊙

在衡量作品與價值方面，人氣是一個糟糕的指標。要能讓一件作品與商業連結，必需天運，然而這與作品的好壞無關。有關的也許是時機，也許是傳播機制，也許是文化氛圍，或者與當前事件的關聯。

如果某個作品發表的那天發生了一件世界性災難，該作品就可能黯然失色。如果你做了風格上的改變，你的粉絲一開始可能不接受。如果某位藝術家備受期待的作品與你在同一天發表，你的作品也許就無法產生同樣的影響。大多數的變數完全在我們控制範圍之外。我們唯一能控制的只有盡力做、分享、開始下一件；不要回頭。

⊙

渴望成功，希望它能填補我們內心的空白，這是常見的情況。有些人想像成就是一劑靈藥，能夠修補或治癒一種匱乏的感覺。

為實現此一目標而努力的藝術家們，很少做好準備面對實情。關於受人愛戴這件事，很多方面都宣傳不實。而藝術家還是和從前一樣空虛，可能還更嚴重。

一旦你活在「成功會治癒你一切痛苦」的信念中，到了療方降臨卻無效的時候，就會導致絕望。你花了大半輩子追逐的東西沒有修復你的不安全感與脆弱，你明白了這件事，抑鬱也隨之而來。更可能的是，由於現在風險與後果比從前更高，反而放大了你的壓力。而且在這之前，從來沒有人教導我們如何處理這種前所未見的失落。

一群忠實觀眾有可能會開始變得很像一座監獄。音樂家之所以會開始以某個特定的風格進行創作，可能是因為他們對此風格有所愛好，而他們也可能因此獲得巨大成功。一但他們的品味改變了，就可能會覺得自己被老招套牢了，因為現在有了經紀人、發行商、代理商、助理，還有其它與他們的成功息息相關的人參與其中。在個人層面上，他們甚至把自己的公眾身份與過去習慣的作品風格綑綁在一起。

每當行動與演進的直覺出現的時候，聽從它是明智的。另一種選擇——害怕失去立足地，於是反而被困——則是一個死胡同。你可能對這件作品不再感到喜悅與信念，因為對你來說，它不再真實。於是這件作品聽起來空洞，最後無法吸引觀眾。

想一想，你之前的成功也許不是因為一開始的風格，而是因為你投入的個人熱情。所以，如果你的熱情改變了方向，那麼就跟上它。你對自身直覺的信任以及你的興奮感，才是引起他人共鳴的事物。

同樣的一個結果，可以被視為巨大的成功，也可以是糟透的失敗，這取決於不同的視角。這種看法會產生某個方向的動能，貫穿作者的職業生涯；擁有一個以其他標準來說是成功的作品，但作家本身卻被貼上失敗的標籤，這會很容易讓人迷失去向。

所以，保護你個人對成功的理解，這是錨定一切的基礎。而且無論公眾對你的接受是高是低，你在創作每一件新作品的時候，都要彷彿沒有什麼可失去一般，了無牽掛。

如果我們能夠與
創造及分享的想法同頻
而不執著成果，
這件作品就更可能
以真實狀態呈現。

若即若離（可能性）

⊙

當你的人生故事正在發生的時候，考慮一下把自己從中抽離。

你在一場火災中失去了琢磨多年的小說手稿；你覺得感情關係發展得很好的時候，關係卻破裂了；你在工作上很用心，卻被解雇了；你突然收到家人的壞消息；試著像看電影一樣感受這些事，雖然這麼做似乎很困難。你在觀察戲劇性的一幕，主角正面臨看似無法克服的挑戰。

這是你，但又不是你。

如果你嘗試保持超然，而不是沉浸在心碎的痛苦、被解雇的壓力、失去的悲悼之中，那麼你的反應可能是：「我沒料到這種情節轉折。我想知道主角接下來會發生什麼事。」

永遠有下一幕，而且下一幕也許是極美與圓滿的一幕。艱難是必要的設置，才能讓這些新的可能出現。

結果並不是結果。黑暗不是終點，白天也不是終點。它們生活在一個不斷展開、互相依賴的循環中。不是好的，也不是壞的，它們就是存在著罷了。

永遠不要假設你擁有的體驗就是故事的全貌——這項練習能夠支持你過一種充滿開放可能性與平靜的生活。如果我們執著於這些事件，它們看起來就會是大難。但它們只是更廣大的生命中的一個小方面，而且你的焦距愈遠，每一次經歷就變得愈小。

推近焦距則執迷。拉遠焦距則觀察。我們可以選擇。

我們陷入僵局的時候，可能感到絕望。將自身抽離、拉遠焦距、從困難中及周圍看出新路徑，這種能力用處無窮。

如果我們在練習這項原則的時候，允許這項原則在我們身上發揮作用，那麼我們的想像力就能夠從包圍我們的個人與文化敘事羅網中，把我們解放出來。藝術擁有將我們從痴迷中喚醒的力量，開放我們的思維去想像所有可能，並與運行於所有事物中的永恆能量重新連結。

狂喜

⊙

你是否曾經在聆聽一段音樂的時候，感到被吸了進去，彷彿入迷？或者在讀一本書、看一幅畫的時候？

這可能就是你一開始被吸引、從事創造工作的一個原因——對於感官愉悅的記憶、一再浮現的經歷。這就像是在水果熟透的時候將它一口咬下。

現在想一想，在完美平衡到來之前，一件作品中所包含的每一件事物：所有未命中目標的實驗、不了了之的點子、做出的艱難決定、似乎改變了一切的細微調整。

在過程中的這些關鍵時刻，藝術家的判斷標準是什麼？你怎麼知道什麼時候這件作品以及付諸的工作才算是好？你怎麼知道你的方向是正確的？前進又是什麼樣子？

你可以說這是一種感覺、一個內在的聲音、一句無聲的低語、讓你開懷大笑。一股能量，進入房間並佔據身體，你可以稱之為喜悅、讚歎，或者歡騰。和諧與滿足突然籠罩一切。

這是狂喜降臨。

這種快樂是我們的指南針，指向我們的正北。它在創造的過程中真實地顯現；你正在努力打磨，突然你注意到一個轉變、一個啟示。做了一個小小的調整，出現了一個新角度，而它令你屏息。

它甚至可以誕生自最平凡的細節。一個句子裡改動一個詞。瞬間這個段落從廢話蛻變為詩歌，一切都自然有了最好的安排。

藝術家會有一段時間處於創作的陣痛中，作品似乎毫不起眼。突然一個轉變發生了，或者一個時刻顯現了，於是這件作品現在看起來出類拔萃。

從平庸到偉大的飛躍幾乎不費什麼力氣。這樣的飛躍並不一定能被理解，但是一旦發生，就是清晰的，並帶來生氣。

這在作品發展過程中的任何時候都可能發生。也許你已經在中場前進了一段時間。你不經意按下一個新的音符，突然感到被磁鐵吸引了一般。你專注投入。你往前俯身，感到一股能量湧動，彷彿祈禱得到了回應。

這種頓悟是創造力的心臟。它是我們全身都能感覺到的。它讓我們猛然集中注意力，讓我們心跳加速，或者驚喜大笑。它讓我們瞥見更高的理想，開啟我們原本不知道存在於內裡的新可能。它是如此令人振奮，使得所有費力而無趣的部份都值得了。

我們一直在挖掘這種情況：所有小點連接起來的時刻。我們陶醉於這種滿足，目睹完整全貌陡然清晰浮現。

⊙

這種狂喜的本質是動物性的。一種發自臟腑、以身體為中心的反應，而非大腦反應。它也未必能以理性解釋。它並不是要被理解的。它的存在是為了指引我們。

理智也許有助於完成作品，而且理智也許在事後能解釋是什麼在驅動我們的喜悅，但是走出大腦才是創作藝術的關鍵。創造的美妙之處，部份在於我們可以給自己帶來驚喜，並且創造出當時我們無法理解的、更偉大的事物——如果我們最後真的能夠理解的話。

隱藏在心靈深處的想法與情感，可能會曲折出現在我們的歌詞、場景、畫布上。許多藝術家在作品發表很久之後才明白，其實作品是一種極為脆弱而神祕的公開告解。自己的一部份當時正在苦苦尋求解答或者發聲。

我們的作品深度並不一定重要。但是當你跟隨自己的身體本能反應，你往往能夠到達更深入的地方，除此之外無法到達。

這種狂喜的體驗各有不同。有時候是一種鬆弛的興奮，像是你提出一個問題，你以為自己不知道答案，結果發現自己從更深層的覺知中完美地做出了回應。身體裡升起的能量可能創造出一種平靜的、充滿活力的自信。

有時候則是一瞬間感到震驚，你感到情緒如此強烈，無法相信這一切正在發生。這些情緒顛覆你的現實，將你推進難以置信的感覺裡。像是意識到自己正駛向迎面而來的車流。

還有第三種。你在不知不覺之中被輕柔地帶離了現實。聆聽一首歌的時候，你可能發現自己閉上了眼睛，被帶往某個地方。歌曲結束，你幾乎是困惑地發現自己又回到了自己的身體裡。像是從一場自然生發的夢中醒來。

在你的創造工作中調整自己，與這些感受同頻。尋找內在的反應。在創作過程的所有經歷中，最深刻與最寶貴的是親身感受狂喜，讓它引領我們的手。

參照點

⊙

有時候，你聽見某位藝術家的新錄音，你已經關注這位藝術家有一段時間了，而他最近在開拓陌生的新領域。

一開始這首新作聽起來異樣。似乎很陌生。你不了解它的背景。你也許不確定自己是否喜歡它。你甚至可能拒絕它。

然而你忍不住聽了一遍又一遍。你的腦中開始浮現一種新的模式。原本陌生的東西，變得稍微有點熟悉了。你開始看出來它與從前的東西之間的關聯。它開始在你腦中留下痕跡，無論你喜歡與否。

然後有一天，你發現自己已經不能沒有它。

當一位心愛的藝術家表現不符我們的期望，或者一位新的藝術家藐視現有的先例，都可能令人不解。一開始，這件作品可能感覺起來令人不滿意，或者根本無趣。一旦我們克服了，適應了新的調色盤，最後這可能就成為我們最喜愛的作品。反之，我們一開始就喜歡上的作品，之後可能不再具有相同的威力。

我們創作自己的作品時，也會發生同樣的現象。

如果你正在尋找一個問題的解答，或者尋找一個有待開始的新作品，那麼對於突然出現的某個選擇，你可能會有強烈的負面反應。可能是因為這個點子太新穎，你完全不知道它的來龍去脈。當我們不知道其背景，新的想法就顯得陌生或者彆扭。

有時候，最不符合我們期待的想法才是最創新的。按照定義來說，革命性的想法並沒有已知的背景；是它們發明了自己。

當我們第一次體驗到全新的事物，我們的第一直覺可能是推開它，覺得「這不適合我」。有時候也許是真的不適合，有時候也許它會導引出我們最經久不衰、最重要的作品。

要當心強烈的反應。如果某次經歷當場把你嚇跑了，就值得研究一下原因。強烈的反應通常指向更深層的意義之泉。也許透過探索這些反應，你將被引導踏出創作之路的下一步。

不是競爭

⊙

藝術是關乎它的創作者的。

藝術的目的：表達我們是什麼樣的人。

這就讓競爭顯得荒誕不經了。每位藝術家的競賽場地都是屬於自己的。你在創造最能代表你的作品。其他藝術家在創造最能代表他們的作品。這兩者不能互相比較。藝術與創作它的藝術家有關，也與雙方為文化作出的貢獻有關。

有些人可能會說，競爭可以激發偉大的作品。超越別人的成就，這種挑戰能夠激勵我們突破創造極限。但是在大多數情況下，這種競爭的能量是在較低層次的動力中振盪的。

想要比某位藝術家表現得更好，或者創作一件比他們更好的作品，這種心態很少能帶來真正的偉大。這種心態對我們人生的其他方面也沒有健康的影響。就像西奧多・羅斯福（Theodore Roosevelt）所說的，比較是喜悅之賊。更何況，我們為什麼要以貶低他人為目的進行創作呢？

當然了，如果是一件偉大作品激勵我們提升自己，那就是不一樣的能量了。在我們的領域裡看到標準被提高，能夠鼓勵我們追求更高境界。這是達到更高標準，這種能量與征服的能量是很不一樣的。

布萊恩・威爾森（Brian Wilson）[13]第一次聽到披頭四的《橡皮靈魂》（Rubber Soul）的時候，大感震撼。他想：「如果我這輩子要做點什麼，那就是做一張跟這個一樣棒的專輯。」他接著解釋：「聽了這張專輯，我非常快樂，於是我寫了〈如果上帝知道〉（God Only Knows）。」

因為別人最好的作品而感到快樂，從而受到激勵而奮發，這不是競爭。這是合作。

保羅・麥卡尼（Paul McCartney）聽了海灘男孩（Beach Boys）由此創作出的專輯《寵物之聲》（Pet Sounds），也同樣大為震撼，忍不住流淚，並表示〈如果上帝知道〉對他來說是有史以來最好的歌。由於這次經歷的鼓舞，披頭四在創作另一經典之作《比柏軍曹寂寞芳心俱樂部》（Sgt. Pepper's Lonely Hearts Club Band）的時候，不斷播放著《寵物之聲》。「沒有《寵物之聲》，就永遠不會有《比柏軍曹寂寞芳心俱樂部》。」披頭四的製作人喬治・馬丁（George Martin）說。「《比柏》是要與《寵

13 譯註：樂團「海灘男孩」成員。

物之聲》媲美的」。

這種你來我往的創作並不是基於商業競爭，而是基於相互的愛。這種朝著輝煌的螺旋上升讓我們都受益。

對於哪一件作品最能反映創作者，目前並沒有什麼系統能加以排名。偉大的藝術是一種邀請，召喚四面八方的創作者，為更高更深的層次而努力。

⊙

還有一種競爭可能被視為無窮收穫：一個能夠在藝術家的一生中持續發展的故事。這就是與自己的競爭。

把自我競爭看作追求演進。目標不是打敗我們的其他作品。是為了推動事物前進，創造一種進步的感覺。成長重於優勝。

我們的能力與品味也許會演進，隨著時間產出不同的作品，但是我們無法評價這些作品孰優孰劣。它們是我們在過去不同時期裡的快照，顯示了當時我們是什麼樣的人。它們在被創作出來的時候，都是最佳作品。

每次開始一個新作品，我們都是在挑戰自己，以最美的方式，將那段時間裡我們內在的生命反映出來。

本著這種與自己競爭的精神，要求自己走得更遠、向未知推進。即便做出了偉大的作品，也不要停下來。勇往直前。

本質

我們做的一切工作，無論多麼錯綜複雜，都有一項潛在的本質。一個核心定義，或者基礎結構，就像骨架支撐了肌肉。有些人稱之為「存在狀態」（is-ness）[14]。

如果某個小孩要畫一棟房子，這棟房子可能會有一扇窗戶、一片屋頂、一扇門。如果你去掉這扇窗戶，這還是一棟房子。如果你去掉這扇門，這還是一棟房子。如果你去掉屋頂與外牆，留下窗戶與門，就很難分辨這是否還是一棟房子了。

同樣地，每件藝術作品都有一個獨特的、活靈活現的特徵，使得它成為現在的它。那可能是主題、結構原則、藝術家的觀點、表演的品質、材料、傳達的情緒，或者元素的組合。這些都可以影響本質的形成。

如果一位雕刻家以石材或黏土創作一件作品，這兩種材料的工作體驗是非常不同的。但是一件石材作品與一件黏土作品可以擁有相同的本質。

本質一直存在，我們在加工階段該做的是不要掩蓋它。從開始到完成，一件作品的本質可能改變。你將作品精煉、增加元素、改動各部份的位置，就可能浮現一種新的、不同的本質。

14 譯註：本質、存在的狀態與性質、存在的純粹概念。

有時候，在你全心工作的當下，也許你還不知道作品的本質。你只是在實驗，玩耍。等到你做出你喜歡的東西，也許你就明白它的本質是什麼了。

提煉一件作品，使其盡量接近其本質，這是一項有用而且能夠增進知識的修習。注意你能去掉多少部份，直到手上這件作品不再是你原本正在製造的作品為止。

琢磨作品，把它剝開，把裝飾減至最少但作品依然完好。沒有多餘的東西。有時裝飾可能有用，但通常沒有。少，往往就是多。

如果你想把兩個部件放在一起，無論是兩個句子，或者一首歌的兩個部份，不要採用過渡手法，這可以產生巨大的力量。試著以最少的訊息，以最簡單、最從容的方式來表達。

如果懷疑某個元素是否對作品有益，一個可能的好辦法就是隨它去。

有些藝術家對於去除作品的某些部份有點迷信，彷彿會使得作品在他們眼前蒸發似的。所以，值得記住的是，現在拿掉的一切東西，如果需要的話，永遠都可以再加回來。

最終達到完美的時候，並不是因為已經無法再加，而是因為無法再減。

——安托萬・德・聖修伯里，《風沙星辰》

到了最後，
我們每一件作品的
本質的總和
可以是一種反映。
我們愈接近
每件作品的真實本質，
它們就能愈快以某種方式，
在某個時間
提供關於我們自己的線索。

不真實的記錄

⊙

每位藝術家都有自己心目中的英雄。

對於某些創作者，我們感到與其作品之間有所連結，我們嚮往他們的方法，我們珍藏他們的話語。這些非凡的天才似乎超越了人類，猶如神話中的人物。

從遠處觀望的我們，能知道什麼才是真的嗎？

如果不曾親眼目睹心愛作品的實際創作過程，就不可能知道實際上發生了什麼事。就算我們的確親眼見證了這個過程，我們的記錄充其量也只是旁觀者的解讀。

那些關於作品誕生的故事，以及創作這些作品的藝術家們的儀式，通常只是誇大，往往是純粹的虛構。

藝術作品是自然而然發生的。我們也許好奇，這種潛藏的點子從何而來，每一項元素又是如何聚在一起製造出這件傑作。但是沒有人知道這些事是怎麼發生的，也不知道是為何發生。通常甚至連創作者自己也不知道。

即使藝術家認為自己知道，他們的解讀也可能並不準確，或者並非全貌。

我們生活在一個充滿不確定的神祕世界裡。而我們經常做出假設以解釋這些不確定的事物。錯綜複雜的人類經驗有了解釋，於是我們可以走出自然的困惑狀態。可以生存。

一般來說，我們的解釋是猜測。這些模糊的假設在我們的大腦中固化為事實。我們是解讀機器，這個貼標籤與拆解的過程雖有效率，卻不準確。我們是自己的經歷的敘述者，卻是不可靠的敘述者。

因此，藝術家藉由一隻看不見的手創造了作品，之後人們解析這個創作過程，而我們得到了更多傳說。這就是藝術史。藝術的真實永遠是未知的。

這些傳說可能很有趣，也很可玩味。但是，如果相信某個特定方法才能為作品帶來某種品質，這是一種誤導。尤其是這種想法導致你重複某個處理方式，以期達到類似成果。

藝術與歷史上的傳奇人物有時被奉為神靈。拿他們來衡量我們自己，這是適得其反，因為他們並非就是我們所知的這樣。他們也是人，也有典型的人類弱點與缺陷，就像我們一樣。

每一位藝術家都有自己的長處與弱點，並且在工作時拿捏這兩者之間的平衡。並沒有什麼規則規定了值得讚揚的長處或者浪漫化的自毀就等於更高明的藝術。表達你自己，這才是唯一重要的事。

一切藝術都是詩歌的一種形式。它總是在變，永不固定。我們可能以為我們知道自己的作品意義為何，但隨著時間，這種解讀也許會改變。創作者一旦完成工作，就不再是創作者了。他們就變成了觀看者。而觀看者可以盡量把自己的意義賦予一件作品，就像創作者一樣。

我們永遠不可能知道一件作品的真正意義。記住這件事會有幫助：有一些我們理解之外的力量在運作。讓我們創造藝術，讓別人編造故事。

我們在一個神奇的領域裡悠遊。
沒有人知道它是為何與如何運作。

關掉（暗中破壞的聲音）

⊙

我們也許需要幾年甚至幾十年的時間才能創作出第一件作品。它通常在真空中、一種很尋常的狀態中發展；在我們與自己的對話中。

我們與人分享這件作品之後，外在影響開始浮現。一群觀眾出現了，可能是朋友，也可能是一大群陌生人。懷有商業目的的個人與公司也可能簽約加入。在我們開始下一個作品的時候，一個或者數個喧嘩的外來聲音也許就在邊線旁對我們喊話，影響我們往不同的創意方向走。它們要求的是現在就有作品，而不關心作品的質地。

當這些聲音進入藝術家的腦袋——注意最後期限、交易、銷售、媒體曝光、公共形象、員工、管理費用、增加觀眾、保持現有的粉絲基礎——這些事物就可能削弱我們的焦點。我們的藝術意圖可能從表達自己改成了養活自己。從創意上的選擇換成了商業上的決定。

平安渡過這段藝術旅程的關鍵是學會關掉聲音。預防外來壓力進入我們的內在歷程，干擾純粹的創造狀態。

回憶一下，當初創造第一件作品並且讓成功生發的那種清澈心態，這樣會有幫助。

不僅要把商業問題放在一邊，還有這些外來聲音的需求與想法也要。在追求最佳作品的時候，把它們隔絕在你的意識之外。

如果你能夠完全專注在創造上，並且在一個神聖的空間中工作，那麼每個人都能受益。其他事項也都能得到解決。

⊙

在事業生涯的任何一個階段，你腦中的批評者都可能想方設法讓你聽見它的聲音。它一直說你不夠有天賦、你的點子不夠好、藝術不值得你投入時間、成品不會受歡迎、你是失敗者。

或者可能有相反的聲音告訴你，你做的每一件事都是完美的、你將成為世界上最偉大的奇蹟。

通常這些是在人生早期吸收的外來聲音。也許是來自挑剔或溺愛的父母、老師或者指導者。這些聲音不是我們自己的；我們把別人的判定內化了。所以，其實我們可以像對待其他的隨意閒聊一樣，對它無所動心。

你在工作中感受到的任何壓力，從內至外，都是自我審查的訊號。藝術家的目標是讓自己保持純淨與獨立。避免讓壓力、責任、恐懼，以及對特定結果的依賴造成分心。如果這種情況已經發生了，那麼現在重新開始也永不嫌晚。

清理的第一步是承認。注意你自己正在感受自我批評的重擔，或者正在感受要奮力達到期望的壓力。然後記住，商業上的成功完全不是你能控制的。唯一重要的是你此時此刻，正在卯足全力創作你心愛的東西。

把自己從這些內在聲音裡釋放出來，這種過程是某種冥想。在一段時間裡把所有掛心的事放在一邊，告訴自己，我只專注於這件練習：做出偉大的作品。

如果在這段時間裡出現了使你分心的事物，不要忽略它們，也不要注意。不要給它們任何能量。讓它們自己過去，就像雲朵在山的周圍散開。

要經常進行這種練習，鍛鍊專注的意志力，這種意志力在你做任何事的時候都用得上。最後，關掉這些有害的聲音，沉浸在工作中，這將不再是一種意志上的努力，而是一種修行後得來的能力。

感知自我

⊙

當我們還是孩子的時候，很少受到教導去理解並優先考慮自己的感受。大部份情況下，教育系統要求的不是動用我們的敏銳感受，而是要求我們服從，做他人期待的事。我們天生的獨立精神被馴服了、自由思想被限制了，有一套規矩與期待加諸我們身上，其目的不是探索我們是誰，也不是探索我們有什麼能力。

這套系統並不是為了我們的福祉。它限制了我們的獨特性，以支持其自身的存續。這對於獨立思考與自由表達尤其有害。身為藝術家，我們的使命不是適應或順從大眾流行的想法。我們的目的是珍惜並發展我們對自己及周遭世界的了解。

感知自我，指的是有能力知道自己在想什麼，知道自己的感受，知道自己感受有多深且不受干擾。注意到我們如何注意外在世界。

有能力擴展並提煉我們對自己的感知，這是創作啟示性作品的關鍵。有時候，我們做出了很多不錯的作品版本。我們要怎麼知道自己是否創作了偉大的作品呢？

感知自我，這讓我們能夠傾聽內在的動靜，注意能量的變化，無論這些變化是把我們拉近或者推開。有時候這些變化是細微的，有時候強烈。

身為藝術家，我們對於感知自我的定義，和我們調整自己與內在經驗同頻的方式有直接關係，而與我們被外在世界接受的方式無關。我們愈是透過別人的眼睛來認同自我，我們與自己就愈是失去連結，我們能夠汲取的能量就愈少。

我們延伸出對於更高意識的觸角，不再執著於限制與被接受的自己。我們尋求的不是定義自己，而是擴展自己，針對我們的無限天性以及與一切無限事物的連結，調整同頻。

感知自我是一種超越。是放棄自以為是。是放下。

這個概念似乎難以捉摸，因為在同一瞬間，它包括了忠於自我，又包括了放下自我。不過這並沒有看起來那麼自相矛盾。身為藝術家，我們不斷探索，藉由接近自己而接近宇宙。我們愈來愈接近，無法分辨何者為始、何者為終。我們正處於一段形而上的迢遙旅途上，從此處到此刻。

有益的是，把你現在正在做的事看作比你自己更偉大。

就在我們眼前

⊙

有時候，藝術家會體驗到一種停滯感。一種阻塞。不是因為創造力的流動已經停止了。這是不可能停止的。這種生成的能量是無止境的。這種情況也許只是因為我們選擇了不再投入其中。

把藝術上的僵局想成另一種創造。是你自己創造的阻塞。是你的一個決定，無論是有意識還是無意識的，決定不再參與這股隨時都能取得的創造能量流。

當我們感到束縛，我們可以透過放下一切鑿出一個開口。如果我們放開自己的分析思維，這股能量流就可能找到一條更容易的通路，從我們體內流過。我們可以存在於當下並動手做，而非思索並嘗試；在現下創造，而非期待未來。

每次我們放下一切，也許就會發現自己尋找的答案正在眼前。一個新點子出現了、房間裡的某件東西給了我們靈感、身體裡的感受放大了。在我們似乎被卡住、迷失方向、再也沒有東西可以拿出來的困難時刻，就值得思考一下這件事。

如果這一切就是一個故事，接下來會怎麼樣？

請注意，不要因為你接受了一旦要做就得完美的想法，而過早放棄一個作品。我曾目睹幾位藝術家開始了創作，卻因為這個原因就放棄了。創作一件作品，看出其中某個缺點，然後就要把整件作品扔掉，這種事很容易發生。這種條件反射發生在生活的各個領域中。

仔細打量作品的時候，要學著真正看見其中有些什麼，不要有負面偏見。敞開心胸，看到優點也看到弱點，而非專注在弱點上，結果讓弱點壓倒了優點。你可能會發現這件作品的百分之八十都很好，如果剩下的百分之二十可以用適合的方式融入，這件作品就會極為出色。比起為了不完美的一小部份就把整件作品當作垃圾丟棄，這樣要好得多。當你發現一項弱點，在放棄整件作品之前，一定要思考是否可以去除或者改進這個弱點。

要是創造力的泉源其實一直都在，耐心敲著我們的感知之門，等著我們打開門鎖呢？

如果你對正在發生的一切
保持開放與感知，
答案自會顯現。

一句來自時空之外的低語

⊙

對藝術家來說，懷疑自己的點子的分量是很常見的。

一項長達五年的創作過程，可能始於夢中一瞬，或者在停車場無意聽見的隻字片語。從事後回顧，這顆帶領我們一路走來的微小種子可能毫不起眼。我們可能懷疑它是否夠大，或者這個方向是否值得繼續往前走。

在我們收集種子以開始工作的階段，也許會忍不住在投入之前看看是否有什麼明顯的跡象。比如一聲雷鳴，昭示著我們找到了正確的道路。我們也許會丟開那些看起來不重要或不偉大的點子。

但是大小並不重要。體積並不等於價值。

對於**源頭**材料，我們不能根據它們一開始的力道來評判其分量。有時候，最小的種子長成最高大的樹。最無關的點子可能發展出最有影響力的文章。瑣碎的見解可能打開通往廣闊新世界的大門。最幽微的訊息可能是最重要的。

即使這顆種子只是我們注意到的某些事物——瞬間的感知、意料之外的想法，甚至是偶爾憶起的一件往事，這也就夠了。

大多數情況下，**源頭**給予的靈感與方向提示是很微小的。像是在太空中穿行的微弱訊息，安靜而微妙，就像一句低語。

⊙

要聽到低語，心靈也必須保持安靜。我們要密切注意著所有方面；我們的天線要靈敏調諧。

要提高我們的接收能力，也許需要放鬆。如果我們正在努力解決一個難題，努力本身反而可能造成障礙。在池塘裡使勁踢水，反而在清澈的水中激起陣陣泥沙。藉著放鬆心靈，我們可能更澄澈，在耳語傳來的時候聽到它。

方法除了冥想，還可以把問題輕鬆地放在意識裡，同時出門散步、游泳、開車。我們不去研究這個問題，只是把它輕輕放在感知中。我們向宇宙溫柔地提出這個問題，敞開自己，準備接收答案。

有時候這些話語似乎是從外浮現，有時候則是從內在。無論這些訊息以何途徑到來，我們都讓它們自然降臨，而非竭力尋找。拚盡全力是無法讓耳語出現的，我們只能以開放的心態歡迎它到來。

做好準備，迎接驚喜

⊙

如果我們對自己在藝術方面的選擇稍加研究，可能會發現，其中最有意思的一些其實是意外。它們源自與作品交融的忘我時刻，有時候感覺起來像是錯誤。

這些錯誤是潛意識正在解決問題。是一種創作上的佛洛伊德式失言[15]，

15 譯註：無意間說漏嘴，洩露了潛意識。

你內心深處的一部份壓倒了顯意識的意圖，提供了一個不費吹灰之力的解答。如果有人問你這是怎麼發生的，你可能會說不知道。它只是在一瞬間流遍你全身。

隨著時間，我們逐漸習慣體驗這種難以解釋的瞬間。在這些瞬間，你給了藝術正好需要的東西，毫無刻意，浮現的解答似乎完全沒有你的干預。

隨著時間，我們學會信任這隻未知的手。

有一些藝術家很少經歷到這種意外之喜。但這是可以透過邀請來培養的。

一個方法是放開控制。放下對作品未來的所有期待。謙虛面對這個作品，意想不到的事物就更容易到來。許多人受到的教育是純粹以意志來創造，但如果我們選擇放下，那些想要通過我們浮現的點子就不會受到阻滯。

這類似於根據一份詳細大綱寫一本書，然後把大綱放一邊，在沒有地圖的情況下寫，看看會發生什麼事。你據以開始的前提可能會發展成更豐富的東西。如果你鎖定在一份腳本上，某種你不可能計畫的東西就永遠不可能浮現。

你的意圖確定了，目的地未知，你就能任意交出你的顯意識，潛入洶湧的創作能量洪流，一次又一次目睹意想不到的事物發生。

一個小驚喜帶來又一個小驚喜，你很快就會發現最大的驚喜：你學會信任自己，在宇宙中，與宇宙一起，你自己就是一條獨特的通道，通往更高的智慧。

這種智慧超出我們的理解。由於恩賜，它對所有人都是開放的。

在發現中生活
永遠都比通過假設生活更可取。

遠大的期望

⊙

開始一個新作品時，我們通常會遭遇焦慮。焦慮幾乎光顧所有人，無論我們多麼有經驗、多麼成功、多麼準備充分。

面對空白的時候，有一種對立的張力。首先是興奮，對於可能實現某種偉大事物而興奮，但也有恐懼，恐懼它不可能實現。而結果是在我們控制之外的。

我們的期望可以愈來愈有分量，而我們對自己無法勝任這件任務的恐懼也是如此。要是這次我沒法讓它順利實現，怎麼辦呢？

信任我們的創作過程，這樣有助於控制這些憂慮並繼續前進。

當我們坐下來，開始工作，請記住，結果是我們無法控制的。如果我們願意以勇氣與決心邁出未知的每一步，帶著我們收集的所有知識，我們終能抵達我們前往的地方。它可能不是之前我們選擇的同一個目的地，但很可能更有趣。

這並非盲目自信。而是實驗信心。

你並不是像傳道者一樣期待奇蹟，而是像科學家，測試、調整，再測試。以測試結果為基礎，進行實驗並建造。信心是有回報的，可能比天分或能力的回報更多。

畢竟，如果沒有全然的信任，我們怎麼可能為藝術提供它所需要的一切呢？我們必須相信一些並不存在的東西，才能讓這些東西誕生。

⊙

在我們還不知道自己正在前往何方的時候，我們並不停下等待。我們在黑暗中前進。如果我們嘗試過的都沒有進展，我們就依靠信心與意志。在前進的過程中，我們可能多少會後退幾步。

如果我們嘗試了十種實驗卻都不奏效，我們有一個選擇。我們可以把它視為個人問題，把自己想成失敗者，質疑自己解決問題的能力。或者，我們可以體認到自己已經排除了十種沒有用的方法，這就讓我們更接近答案了。藝術家的工作就是測試各種可能，對藝術家來說，成功是排除某個答案，也是找到某個奏效的答案。

在實驗過程中，我們允許自己犯錯，允許自己離題，允許自己更離題，允許自己無能。沒有所謂失敗，因為我們的每一步都是抵達目的地所必要的，包括失足走錯。如果我們能從實驗中學習，那麼每一個實驗都是可貴的。即使我們還無法理解它的價值，我們依然鍛鍊了自己的技藝，往精湛的程度又接近了一點。

我們懷著不可動搖的信念，在問題已經解決的假設下努力。答案就在那裡，也許很明顯。只是我們還沒遇上它。

隨著時間，你完成了更多作品，實驗中的信心也增長了。你已經能夠抱著很高的期望，耐心前進，並信任在前方逐漸展現的神祕未知。你明白這個過程能把你帶到你正在前往的地方。無論最後是在哪裡。此一展現本身就具有神奇的本質，永遠都能令你讚歎屏息。

有時候，錯誤
是使得作品偉大的原因。
人類在錯誤中呼吸。

開放

⊙

我們的思想尋求規則與限制。我們在一個不穩定的大世界裡，試圖安全穿行，於是我們形成信念，給我們一個連貫的框架、減少選擇，並且給我們一份虛假的確定感。

在文明出現之前，自然世界危險得多。人類為了生存，必須迅速衡量情勢、解析訊息。

這種生存本能一直延續到今天。大量訊息供我們取用，我們比以往更依賴做分類、做標記、走捷徑。很少人有那樣的時間與專業知識，能夠以完全開放、不帶偏見的心態去評估每一個新選擇。把我們的世界縮小，使之易於管理，這也是一種安全感。

藝術家並不看重萬無一失與縮小規模。縮小我們的調色盤以適應有限的思想，這會壓制我們的工作。新的創作可能性與靈感來源被擋在視野之外。如果一位藝術家持續彈奏同一個音符，最終觀眾就不再感興趣了。

一成不變隱含著沉悶單調。在創作者的旅程中的某個時刻，大腦會更加抗拒新方法或者新的表達風格。一種曾經有用的做法，可能隨著時間變成狹窄固化的工作方式。要打破這種心態，我們的要務是軟化它，使其變得更容易滲透，讓更多光線照進來。

要讓藝術表現不斷發展，就要持續補充它的來源載體。並且主動伸展你的視角。

邀請與你不同的信念，並盡力將目光超越你的濾器範圍。刻意嘗試超越自己的品味邊界。檢視那些你可能認為過於高雅或低俗的方法。我們從這些極限可以學到什麼呢？有些什麼意外的驚喜？你的工作中有哪些緊閉的門可以打開？

考慮將這種練習延伸到人際關係中。當合作者的反應意見或者方法似乎有問題，而且與你的原始設定有所衝突的時候，可以把這個情況重新定義成一個令人興奮的機會。盡你所能，從他們的角度去看，了解他們的觀點，而非為自己的觀點辯護。除了解決手頭上的問題，你也許還會發現某些關於你自己的新事物，並且注意到侷限你的邊界。

思想開放的核心是好奇。好奇沒有偏向，也不執著於某個做事方式。它探索所有觀點。總是對新方法保持開放，總是尋求原創的見解。它渴望不斷擴展，以驚奇的目光觀察心靈的外在限制。它極力揭露虛假的界線，突破新疆界。

⊙

當我們遇上某個藝術問題，它之所以能成為一個藝術問題，通常是因為它與我們公認的信念相衝突：關於何者可能、何者不可能的信念。或者我們對於預期發生的事物的期望。

歌曲可能開始偏離我們一開始設定的類型。畫家可能不巧正用完某種顏料。電影導演可能在拍攝現場遇上設備故障。

在事物沒有跟著計劃走的時候，我們的選擇是抵抗或者合作。與其停止計畫或者發洩惱怒，我們可以考慮，用手頭上的材料還能做些什麼。有什麼解決方案可以現場發揮？如何引導現在這個方向？

我們面對的問題背後可能有一個有益的目的。宇宙可能在引導我們找到一個更好的解決方案。

但我們無法知道。

我們只能隨著這些挑戰的流向，讓大腦保持開放，沒有包袱，沒有從前的榜樣。我們只是從一個中立位置開始，讓這個過程自然展開，迎接改變的風向指引道路。

許多人看似困在牆內。
但有時圍牆能提供
不同的觀看方向
從四面八方繞過障礙。

閃電周圍

⊙

靈感來臨的時刻，訊息會爆炸般地湧現。我們如何才能避免沉迷於這些閃電？有些藝術家彷彿追逐暴風雨的人，等待著這些自然生發的閃擊，渴望著這種刺激。

一個更有建設性的策略是少注意閃電，多注意它周圍的空間。注意閃電發生之前的空間，因為只有滿足了先決條件才會出現閃電，注意閃電發生之後的空間，因為如果你不捕捉並利用這股電流，它就會消失。

當我們得到點化，我們對於事物可能性的經驗就擴展了。在這一刻，我們被敲開。我們進入一個新的現實。甚至當我們脫離這種高度狀態之後，這種經驗有時依然留存於我們的內在。其他時候則轉瞬即逝。

一陣雷鳴閃電之後，訊息通過以太傳遞給我們，接著就是大量的實際工作了。我們無法命令閃電到來，但我們能控制它周圍的空間。要做到這一點，我們必須預先準備，並在之後履行對它的義務。

如果閃電不閃，我們的工作也不必因此拖延。有些暴風雨追逐者相信，先有靈感，才能創造。但並非如此。沒有閃電的工作就是工作而已。就像木匠一樣，我們每天到場，做自己的工作。雕塑家揉黏土、把工作室地板掃乾淨、鎖門過夜。平面設計師坐在自己的工作台前，選擇影像、選擇字體、排版，然後按下保存鍵。

藝術家最終都是工匠。有時候我們的點子來自閃電。其他時候只來自努力、實驗，與手藝。我們工作的時候，可能會注意到一些連結，這些連結揭露的奇跡令我們驚訝。這些小小的「啊哈！」時刻也是一種閃電。雖然沒那麼顯眼，但依然能照亮我們的去向。

⊙

閃電可能只是一種暫時現象，一種宇宙潛能的瞬間表達。但是並非每一個靈感都注定成為偉大的藝術作品。有時閃電降臨，卻派不上用場。一霎那的靈感也許能激發我們開始一場漫長的探索，希望找到這個靈感的實際形式，結果卻走到了死胡同。

唯一的辦法就是全心投入工作。如果不勤奮，光靠靈感很難產生意義重大的作品。在一些作品中，靈感可能是最微不足道的，努力才是最有分量的。在其他作品中，雖然靈感降臨了，我們卻無法集中為了實現其潛力所需的努力。

創作偉大的藝術並不一定需要巨大的努力，但是如果沒有努力，你就永遠無法得知可能的結果。如果靈感召喚我們，我們就乘著閃電，直到能量耗盡為止。

這段旅程可能不長，但是我們感激有這個機會。無論如何，我們繼續創造，即便靈感始終不出現帶路。

以你所有的
做你能做的。
此外不需要别的。

24／7[16]（身在其中）

藝術家的工作永遠不會真正結束。

在許多行業中，下班回家就是把工作留在辦公室裡了。而藝術家是隨時待命。即使我們埋頭琢磨了幾個小時之後再起身，時間也一直繼續

16 譯註：一星期七天，一天二十四小時。

運行。

這是因為藝術家的工作有兩種：

做事。

存在。

創造就是你本質的一部分，而非只是你做的事。它是一種在世上穿行的方式，每一天，每一分鐘。如果你還沒有受到驅動以至於奉獻程度超乎現實標準，那麼這條路可能不適合你。諷刺的是，藝術家絕大部份的工作與平衡相關，但他們的生活卻沒什麼平衡的餘地。

一但你默許了創作生活的要求，它就是你的一部份了。即使身在一個作品的發展過程中，你依然會每天尋找新點子。你隨時都準備暫停手頭上的事，轉而做筆記或畫圖，或者捕捉轉瞬即逝的思緒。這成了你的第二天性。而每天的每一個小時，我們一直身在其中。

身在其中，意味著承諾對你周遭的一切保持開放。注意和傾聽。在外部世界尋找連結與關係。尋找美、尋找故事，注意對你而言有趣的事物、令你俯身靠近的事物。並且知道這一切在你下一次坐下工作的時候都是可用的，屆時，原始資料將被賦予形式。

我們無法知道下一個偉大的故事、繪畫、配方、商業點子將從何而來。如同衝浪者無法控制海浪，藝術家任由大自然的創作節奏擺佈。這就是為什麼隨時保持感知、活在當下是如此重要。觀察並等待。

最好的點子也許
就是你即將在
今天傍晚想到的那一個。

自發（特殊時刻）

⊙

腦中突然浮現的完整歌曲。

傑克森・波拉克（Jackson Pollock）筆下瞬間的纏繞線條。

遍佈舞池的即興舞蹈。

藝術家可能推崇自發性的作品，認為比起精心策畫的作品，受到靈感引導的作品含有更高等的純淨或者特別之處。

可是，你能夠分辨心血來潮的藝術與經過深思與琢磨的藝術嗎？而這種區別又有什麼意義？

無意間創作的藝術，比起以汗水與奮鬥創造出來的藝術，份量並無所謂更輕或更重。

無論它花了幾個月還是幾分鐘，都不重要。品質並非以投入的時間多少為基礎。只要最後浮現的令我們喜歡，這件作品就已經達到了它的目的。

關於自發自生的作品的故事可能會造成誤導。我們無法看到藝術家為了這件作品在過去投入的所有練習與準備；每件作品都包含了一生的經驗。

偉大的藝術家經常盡力讓自己的工作看來毫不費力。有時候他們可能花上幾年精心打磨一件創作，讓它看起來就像是在一天裡或者一瞬間完成的。

還有人則是將計畫與準備浪漫化。對他們來說，自發的作品少了點正當性。似乎更像是藝術家藉由好運而生的產物，而非出自才華。

考慮一下中立。我們就做該做的，看看會發生什麼。如果某個結果令你喜歡，就大度接受它，無論它是突然出現的，還是在長期艱苦而熟練的勞動之後到來的。

對一些藝術家來說，作品來得很容易。鮑勃・狄倫（Bob Dylan）可以在幾分鐘裡寫一首歌，李歐納・柯恩（Leonard Cohen）有時候要花上幾年，然而，我們可能同樣喜愛這些歌曲。

這個神祕的過程沒有模式或者邏輯。不是所有作品都一樣，人與人之間也不一樣。作品就是我們跟隨的嚮導。每一個都帶著自己的條件與要求出現。

⊙

如果你是一位創作過程以智性為基礎的藝術家，那麼把自發自生當作一種工具、一扇發現的窗口，以及進入自我的新部份的通道，這可能會有益處。

如果執著任何特定的創作過程，都可能把自發性出現的大門封死。如果打開這扇門，即使時間很短，也可能是有益的。我們可以做一次實驗，放下一切，讓發現的驚喜到來。

如果你沒有任何準備與設想就坐下來寫作，你可能會繞過意識思維，直接從潛意識裡汲取靈感。也許你會發現浮現的東西具有一股電荷，以理性方式無法複製。

這個方法是某些爵士樂的核心。音樂家在即興演奏一首作品的時候，一切關於演奏先入為主的想法都會阻礙表演飛升。目標是要身處其中，讓音樂從本質上自己生發，並接受一切風險。情況好的晚上有好的表演，情況壞的晚上有壞的表演。也許最好的爵士音樂家就是有能力在大部份情況下，都可以創造出特別的時刻。即使是即興演奏，也會隨著練習而變得更好。

你可能擔心一個好點子會在自發的一瞬間遺失或者被忽略。為了預防這種情況，我在與每一位藝術家合作時都做了數不清的筆記。每次外人到訪我們的錄音室，通常都不敢相信這個過程看起來如此有條不紊。在他們想像中，這是一個音樂大派對。事實上我們不斷寫下詳細筆記，關於要注意的重點與要測試的實驗。幾乎只要是說出口的東西，就有人寫下來。兩個星期之後，就到了有人提出疑問的時候了，比如：「我們喜歡的那個歌詞是啥？」「加入這個元素之前的版本是什麼？」「第二段副歌的最好版本是哪個？」於是我們就會翻閱筆記。

大量材料不斷產生，但我們如此沉浸在那一刻，無法記住每一件事情，甚至不過幾秒之前發生的事。到了我們給歌曲收尾的時候，我全神貫注聽著，那些想法都消失了。在這種情況下，如果有一位與這些事物有關的旁觀者如實寫下筆記，可以預防特殊時刻在興奮激動中遺落。

有時候，
可能是最平凡的時刻
能創造出非凡的藝術作品。

如何選擇

⊙

每件藝術品都由一連串選擇組成，就像一棵樹有許多枝椏。

我們的工作從一顆種子開始，種子萌發，長出核心思想的主幹。隨著它的成長，我們做的每一個選擇都成為一根枝枒，朝著新方向迸發，隨著我們更往前發展，在細節上愈來愈精緻。

在每個杈口，我們都可以往任何方向前進，我們的選擇將會改變最後的結果。而且通常是極大的改變。

我們如何決定選擇哪個方向呢？我們如何能夠知道，哪個選擇能帶領我們走到這件作品的最佳版本？

答案就在關係的普遍原則之中。我們必須參照某物與其它事物的相對關係，才能分辨出它的位置。而我們在有比較與對照的情況下，才能評估一件事物或思想。否則它就是無法評估的絕對存在。

我們可以借用這個原則，經由Ａ／Ｂ測試改進我們的創作。如果沒有一個參照點，我們很難單獨評估一件作品或選擇。如果你把兩個選擇放在一起，直接比較，我們的偏好就會變得很清楚。

我們盡可能把每次測試限制在兩個選項上。更多選項可能會混淆這個過程。在烹調一道菜的時候，我們可能試吃使用同樣材料的兩種配方，然後決定用哪一種。兩位演員讀同一段獨白，一個顏色的兩種色調，或者一戶公寓的兩種平面圖。

我們把兩種放在一起，退後一步，直接比較。大多數情況下，都會有一種明顯地吸引我們。

如果沒有，我們就讓自己靜下來，看看哪一種對我們有微妙的吸引力。我們跟隨這種身體內在的自然反應，走向暗示著喜悅的選項。

盡可能使用盲測。也就是盡可能把每個選項的細節隱藏起來，以去除一切破壞公平的偏見。比如，有些音樂家偏好類比錄音或者數位錄音。就可以用這兩種方式錄音，然後設計一個方法，讓對方分別聆聽這兩種錄音，而不指明是哪一種。有時候藝術家的最後選擇會令他們自己感到意外。

如果你在A／B測試中陷入僵局，可以考慮拋硬幣。先規定哪個選擇是正面，哪個是背面，然後拋硬幣。當硬幣在空中翻轉，你很可能會發現自己某種微妙的偏好或者願望，希望結果是兩個選項中的某一個。你支持哪一個，那就是你的選擇。就是你的心之所向。在硬幣落地之前，這個測試就結束了。

測試的時候，不要對你的選擇標準賦予太多智性考量。你在尋找的是第一直覺，出現在思考之前的反射反應。本能對你的暗示是最純粹的，排在第二的想法是比較理性的，往往是經過分析處理及扭曲的。

我們的目標是關掉有意識的思考，跟隨我們的情感。兒童在這方面特別擅長。他們可以在一分鐘內經歷幾種不同的自發性表達，不帶任何評斷或執著。隨著年齡增長，我們受到教導，必須隱藏或深埋這些反應。這就使得我們內在的敏銳感受失去了聲音。

如果有什麼是我們要學習的，那就是將自己釋放出來，從一切阻礙我們按照真實本性行事的信仰、包袱、教條中釋放出來。我們愈接近孩子般的自由表達，我們的測試就愈純淨，我們的藝術就愈好。

⊙

一旦作品完成，再多的測試也無法保證我們已經做出最佳版本。這些品質是無法測量的。我們測試是為了確定手頭上的哪個選項最佳。

無論你走了哪條路，只要你完成旅程，就能抵達同一個目的地。這個目的地就是一件作品，令我們感到能量充沛，想要分享。當我們回首來時路，會感到訝異與驚歎，這件作品到底是如何出自我們之手。

色調與度數

⊙

在藝術創作中，比例可能具有欺騙性。

兩顆靈感的種子也許看起來沒有區別，但是其中一顆可能產出極多，另一顆幾乎沒有。開始時是一道閃電，最後也許並沒有產出足以反映其最初強度的作品，而一朵微弱的火花可能長成史詩般的巨作。

在加工過程中，我們投入的時間多寡與我們得到的結果很少是平衡的。一個大動作可能一下子就實現了，一個小細節可能得花上幾天。而且無法預測這兩者對於最終成果會有多大影響。

關於過程還有一個令人驚訝的事實，那就是最小的細節可以清楚定義一件作品。它們可以決定一件作品是激動人心的還是乏味的，是完成的還是未完成的。我們在筆刷上點一下，在調色中攪一下——突然之間，作品從半完成跳到了完成。這種情況發生的時候，看起來彷彿是奇蹟。

最終使得一件作品偉大的是最微小細節的總和。從開始到結束，每件事物都有色調與度數。沒有固定的比例。無法有固定的比例，因為有時候最小的元素正是分量最重的。

當作品有五個錯誤時，
它尚未完成。
當它有八個錯誤時，
它可能就完成了。

暗示（目的）

⊙

有時你也許會想：我為什麼在做這個？這到底是為了什麼？

對一些人來說，這種問題可能很早出現，也可能很頻繁。也有一些人似乎一輩子都未曾煩惱這種問題。也許他們知道，做的人與解釋的人是兩種不同的人，即使實際上是同一個人。

歸根結柢，這些問題並不重要。並不需要任何目的來指引我們選擇創造些什麼。如果更仔細審視，我們可能發現這個宏大的想法並無用處。

它暗示的是，我們知道的已經比我們所能知道的更多。

如果我們喜歡自己正在創造的東西，我們並不需要知道自己為什麼喜歡。有時候原因很明顯，有時候未必。而且這些原因可能隨著時間改變。一千個不同的理由裡的每一個都很好。當我們在創作自己喜愛的東西，我們的任務就已經完成了。這沒有什麼需要深思琢磨的。

這樣告訴你自己：
我在這裡就是為了創造。

自由

⊙

藝術家有社會責任嗎？

有些人可能同意這個觀點，並且想要鼓勵藝術家按照這個觀點去創作。

持有這個信念的人可能並不清楚藝術在社會中的功能及其整體社會價值。

藝術作品只為它的目的服務，而其目的獨立於創作者對社會責任的關注。想要改變人們對於某個議題的看法，或者對社會造成影響，可能會妨礙作品的品質與純淨。

並非我們的工作不能擁有這些特質，而是我們通常不是透過規劃以達到這些特質。在創造的過程中，想要藉由瞄準目標以實現它，往往更加困難。

提前決定要說什麼並不會引來最好的結果。意義，會在你跟隨靈感的時候被確立。

最好等到作品完成之後，才去找出它在說什麼。如果把自己的作品當作意義的人質，這是一種限制。

如果作品試圖過度說教，通常感染力不如預期，而一件並未瞄準社會弊病的作品，可能成為革命運動的經典。

藝術遠比我們對它的計畫更有力。

⊙

藝術不可能沒有責任。它涉及人類經驗的各個層面。

我們自己的某些方面在一個彬彬有禮的社會中不受歡迎，太陰暗的想法與情感無法與人明言。當我們從藝術中辨認出有人表達了這些事物，我們就不再感到那麼孤單。

愈真實，就愈具人性。

這就是創作藝術與欣賞藝術的治療力量。

藝術是高於並超越評判的。它要不引起你的共鳴，要不就是毫無交流。

藝術家的唯一責任是對作品本身負責。沒有其他要求。你是自由的，創造你想創造的東西。

你不必代表你的作品，你的作品也不必代表任何事物，它只代表它自己。你不是它的象徵。它也不一定是你的象徵。在那些對你幾乎一無所知的人眼中耳中，它將被解讀，再解讀。

如果有什麼是你必須代表的，那就是捍衛創作的自主權。不只是對抗外來的審查，還要對抗你腦中的聲音，這些聲音已經把公認可以接受的事物標準給內化了。這個世界唯有允許它的藝術家自由，它自己才能自由。

我們說的，
我們唱的，
我們畫的——
由我們選擇。

我們對一切都沒有責任，
除了對藝術本身。
藝術就是最終的詮釋。

著魔的人

⊙

在電影與書籍中，藝術家經常被描繪成飽受折磨的天才。挨餓、自毀、在瘋狂邊緣舞蹈。

這就給人們灌輸了一種想法：一個人要創造藝術，就必須是破碎的。或者是藝術的力量如此強大，毀滅了它的創造者。

這兩種概括都不對。這些誤解給想成為藝術家的人澆了冷水。有些創作者也許與深沉的黑暗共存。有些創作者輕鬆愉快大步向前。在這兩者之間則是種類廣泛的藝術氣質。

對於受到藝術召喚，因感受敏銳而受苦的人來說，創作的過程可以產生治療的力量。它提供一種深度連結的感覺、一個安全的地方，可以說出難以啟齒的事物，可以坦露自己的靈魂。在這些情況裡，藝術並沒有粉碎創作者，而是使他們完整。

雖然受折磨的藝術家往往存在於神話中，而非現實中，但這並不表示藝術來得很容易。它要求的是對於創造偉大事物的執著慾望。這種追求不是非得痛苦不可。它可以是充滿活力的；這取決於你。

無論你有強烈的熱情還是飽受折磨的衝動，這些都不會讓藝術更好或更糟。如果你能夠在這些道路之中選擇，請考慮選擇更持久的那一條。藝術家只須以自我表達就能贏得稱號，因為他們以自己的方式、自己的步調工作。

對你有效的事物（相信）

⊙

有一位詞曲作者，她的所有歌曲都是在一棟老舊辦公大樓的某個雜亂房間裡寫成的。這個房間已經三十年沒有人動過了，而且她不讓打掃。她說，祕密就在這個房間裡。

她相信這一點，於是這一點對她而言就有效。

查爾斯・狄更斯（Charles Dickens）帶著指南針，以確保自己睡覺的時候都是朝北。他相信與地球電流保持平行可以供養他的創造力。蘇斯博士（Dr. Seuss）有一個帶假門的書櫃，裡面藏著幾百頂與眾不同的帽子。他與他的編輯各選一頂帽子戴上，互相盯著看，直到靈感來臨。

這些故事可能完全真實，也可能不是。但並不重要。如果某種儀式或迷信對一位藝術家的工作有正面效果，那麼就值得繼續。

藝術家以各種可能的方式進行創作——同時在混亂與秩序的兩個極端，在不同方法的匯集點。沒有所謂正確的時間、正確的策略，或者正確的設備。

更有經驗的藝術家提供的建議可能有幫助，但是要當作資訊，而非處方。它可以打開你的新視角，擴展你對於可能事物的想法。

成熟的藝術家通常從其個人經驗出發，向你推薦的解答是他們曾經使用有效的。這些解答往往針對的是他們的旅程，而非你的。值得記住的是，他們的道路不是唯一的道路。

你的道路是獨一無二的，只有你才能走。通往偉大藝術的路徑不是單一的。

但這不表示要忽視其他人的經驗智慧。要巧妙地領受智慧，像試穿衣服一樣試試尺寸，看看是否合身。吸收有用的，放棄其餘的。無論其來源多麼可信，都要測試並配合你調整，以找出哪些對你有效。

唯一重要的練習是你一直在做的練習，而非其他藝術家使用的練習。找出你最有創造力的方法，應用它，當它不再有效，就放棄它。創造藝術並無所謂錯誤的方法。

適應

⊙

在我們練習的時候，會發生一些奇特的事情。

比如，我們正在學習一首樂曲的時候，我們會一再彈奏它。它會變得容易一點，又難一點，又容易一點。然後我們暫停，一兩天之後繼續。突然間，它從我們的內在流瀉而出，比之前更自然。我們的手指似乎更靈活了，一個難解的結已經自己解開了。

這種現象與其它的學習形式不同。它不是閱讀並牢記，它是更神祕的。一天早上你醒來，發現自己已經被傳送到這個新的現實中，在這裡你的技巧突然比睡前更純熟了。身體改變了，適應了它所面臨的任務，起而執行。

在我們走向目標的路上，練習出了一部份力氣。然後需要時間，讓練習能夠被吸收，進入身體。我們可以把這個稱為恢復期。在舉重裡，練習是磨練肌肉，恢復期則重建肌肉，使其比之前更強健。練習裡的非活動與活動一樣重要。

人們通常認為，要在藝術上達到純熟精通，就得不知疲倦地努力。這是對的。但只對了一半。離開一下，稍後回來，可能是有好處的。無論是練習樂器，還是在你一生的工作過程中，在適當的時候休息恢復，可以有更大的飛躍。

這個練習與適應的循環創造了多方面的成長。你這是在建立專注力與焦點，並且訓練你的大腦學習得更有效率。更輕鬆。

如此一來，其他技能也提升了。自學鋼琴很可能增進你的聽力，而且你的數學也可能進步。

⊙

這種適應的過程還有更重要的功效，超越了學習。那是宇宙透過我們表現出來的一個面向——生命的意志。

一個點子聚集能量，形成電荷，渴望被接受。我們能聽見它、看見它、想像它，但是它也許就在我們目前的觸及範圍以外一吋之遙。當我們一次又一次回顧它，愈來愈多細節進入我們的焦點，我們變得全神貫注，全心投入。

我們的能力不斷增長延伸，觸及**源頭**提供的那個點子。我們懷著感激接受這份責任，珍惜它，保護它。謙虛地承認它來自我們無法企及的地方。它比我們更重要，而且不僅僅只為了我們而存在。我們是來為它服務的。

這就是為什麼我們出現在這裡。這是人類演進的脈動。我們適應並成長，是為了接受這種脈動。這些與生俱來的能力，在漫長的歲月中，使得人類及所有生命可以在一個不斷變化的世界中生存茁壯。並且扮演我們命定的角色，推進創造的週期。支持新的、更複雜的生命型態誕生。前提是，如果我們選擇參與的話。

翻譯

⊙

藝術是一種解碼。我們接收來自**源頭**的訊息，然後透過我們選擇的工藝語言來翻譯它。

所有領域裡都有不同的流利程度。我們的技巧水準影響我們表達這種翻譯的能力，就像字彙量影響溝通能力一樣。

這不是直接的關聯。這是一種流動的關係。學習新語言的時候，也許你能夠提問，能夠說出爛熟於胸的短語，或者碰巧說出一些幽默的東西。與此同時，也許你感到無法描述更龐大的想法、更細微的感受，無法充分表達你是什麼樣的人。

我們愈發展、擴大、磨練我們的技巧，我們就愈流利。在創造的行動中，我們能體驗到更大的自由，也更不單調。而且能夠大大增進我們的表現力，這種表現力能讓我們在現實世界中，以最佳版本展現出我們的想法。

為了作品，也為了我們自己的樂趣，持續磨練我們的技巧是非常有價值的。每一位藝術家，在過程中的每一個關口，都可以藉由練習、學習與研究變得更好。藝術才能主要是學習與培養出來的，而非天生。我們永遠都能改善增進。

就像阿恩·安德森（Arn Anderson）[17]說的：「我是教授，我也是學生，因為如果你不再是學生，你就沒有資格自稱教授。」

如果你感到自己連一個音符也彈不出來，或者無法如實畫出一幅景象，請記住，這個挑戰並不是在於你無能辦到，而是在於你「還沒」辦到。避免讓思緒在不可能裡面打轉。如果你為了某個作品，需要某種技能或者知識，你可以研究它並花時間努力達成。你可以為了任何事訓練自己。

這樣的框架會拓寬你的能力，不過不能保證你成為偉大的藝術家。一位吉他手可以彈出最複雜的獨奏，技術上引人入勝，但情感上沒有連結，而一位外行可以表演一首最簡單的三和弦歌曲，令你感動落淚。

但同時，也不必害怕學習太多理論。這並不會破壞你發聲的純淨表達。只要你不讓它破壞。擁有知識並不會有損作品。你「使用」這份知識的方式才有可能損害作品。你有了新工具，你並不一定要用它。

學習可以提供更多方式，用以可靠地傳達你的想法。我們的選擇增

17 譯註：美國前職業摔角手、職業摔角經紀人，一九五八～。

加了，但我們仍然可以從中選用最簡單的、最從容的。畫家諸如巴尼特・紐曼（Barnett Newman）[18]、皮特・蒙德里安（Piet Mondrian）[19]、約瑟夫・亞伯斯（Joseph Albers）[20]，都受過古典訓練，而他們選擇將職涯投入在探索簡單的單色幾何圖形上。

把你的技藝想像成你體內一種活的能量，就像其他生物一樣，是演進週期的一部份。它要成長。它要開花。

磨練你的技藝，這是為了尊重創造。你是否能夠成為你的領域裡的佼佼者，這並不重要。透過練習而增長，你就是在實現你在這個行星上的終極目標。

18 編註：美國藝術家，一九〇五～一九七〇。

19 編註：荷蘭畫家，一八七二～一九四四。

20 編註：德國藝術家，一九二一～一八九六。

白紙一張

⊙

在一件作品上花了幾千個小時之後，就很難從中立的立場去評判它了。而別人第一次體驗這件作品的時候，可能不過兩分鐘，就可以看得比你更清楚。

隨著時間，幾乎每位藝術家都會漸漸發現，自己與自己創造的東西之間距離太近了。在一件作品上花了數不清的時間之後，視角就消失了。我們陷入一種失明狀態。懷疑與迷失可能悄悄出現。判斷被削弱。

如果我們訓練自己與作品之間稍微拉開距離，真正地脫離它，讓自己完全分散注意力，全部投入別的事物中……

如果我們把以下這些事項裡的任何一件做上一段夠長的時間，等到我們再回來，也許就能像第一次見到這件作品那樣去看它。

這就是變成白紙一張的練習。能夠以藝術家的身份去創作，能夠像首次觀看那樣去體驗作品，放下過去的包袱，放下過去你對於呈現這件作品的思考。我們的任務是在當下，與作品在一起。

以下是一個保持紙張白淨的具體例子。錄音過程的最後階段是混音：音響工程師平衡不同樂器的層次，以達到最好的呈現效果。

在聽一首混音的時候，我會列一份清單。這段過場的人聲也許不夠大。過渡到最後一段副歌的時候，鼓聲應該更重要。或者我們必須刪除前奏的某個樂器，為其他重點騰出空間。

一個常見的作法是做出修改，在清單上逐一打勾，然後根據清單重新播放歌曲。「現在來看看，橋段部分的人聲是不是像我要求的那樣響亮？有，打勾。過門的鼓顯得更重要了嗎？有，打勾。」

你在預先考慮每一個部份。你注意的是你要求的改變是否都做到了，這是有選擇性的，而不是把這首歌當做一個整體來聆聽，並且看看它是否真的比原來的好。

自我意識介入了，它說：「我要這個，我得到了我要的，所以問題解決了。」

但這未必是真的。是沒錯，改變做了，但是這些改變真的改進了這件作品嗎？還是引發了骨牌效應，造成了新的問題？

在創造過程的這個階段，作品的每個元素都是互相依存的。所以，即使是一個小改動，也會有意料以外的後果。當混音按照你的清單做了改變，也許你只是誤以為自己已經有了進展。

祕訣是，在適當的時候，把這份清單交給別人執行，然後你丟開它，不再參考。播放修正過的混音時，你要像第一次聽到那樣去聆聽，並且從頭寫一張新的清單。這樣通常能夠幫助你聽到真實的面貌，指引你進行，以達到最佳版本。

練習保持紙張白淨的一個方法是避免過於頻繁地觀察作品。如果你做完了一部份，或者遇到一個癥結，就先把整個作品放在一旁，一段時間內不要參與。把它靜置一分鐘、一星期、或者更久，這段時間裡你就消失吧。

如果想按下重設鍵，冥想是很珍貴的工具。也許你也可以試試劇烈運動，或者一趟景色優美的戶外探險，或者沉浸在與此無關的創造活動中。

當你帶著清晰的視角回來，你更可能具有辨別力，可以看出這個作品想要什麼、需要什麼。

能夠讓這一切發生的就是時間。學習就發生在時間裡，放下過去所學的也是。

情境

⊙

想像一朵花，在一片開闊草原上。

現在，把這朵花塞進步槍的槍口裡。或者放在墓碑上。注意你在每一種情境中的感受。意義改變了。在新的環境裡，同一件對象可以具有非常不同的意義。

情境改變了內容意義。

在你的工作中，請思考這項原理的含義。如果你正在畫一幅肖像，背景是情境的一部份。改變背景會對前景產生新的影響，暗色佈置與亮色佈置傳遞不同訊息，稠密的環境與稀疏的環境感覺起來不同。採用的畫框、懸掛這幅畫的房間、旁邊的其他藝術品；這一切因素都影響著對作品的觀感。

有些藝術家選擇控制這所有因素，有些藝術家順其自然，有些藝術家創造的藝術完全倚賴情境。比如安迪・沃荷的 Brillo 肥皂盒。在雜貨店裡，這些盒子是有用的廚房用品包裝，用後即丟。在美術館裡，是令人著迷好奇的珍品。

為一組歌曲排序的時候，把一首安靜的歌放在響亮的歌旁邊，會影響聆聽者聽見這兩首歌的感受。在安靜的歌之後，響亮的歌顯得誇張。

我曾聽說，有一位音樂家把自己的最新作品與一些最受愛戴的歌曲放在同一份播放列表裡，要看看自己的作品在這種情境下是否能夠脫穎而出。如果不行，他就把這首歌放在一邊，繼續朝著偉大而努力。

各時代與地點的社會規範則是另一種藝術賴以存在的情境框架。兩個人之間的關係故事，可能發生在底特律、峇里島、古羅馬，或者其他不同的時空。在每一種框架下，這個同樣的故事也許都有新的意義。

發表作品的年份時間，也會改變作品的意義。時事、文化潮流、同時發表的其他作品，都會影響人們對一個作品的接受情況。時間也是一種情境。

如果一件作品沒有達到你的期待，那麼就考慮改變它的情境。與其檢視它的主要元素，不如研究它周圍的變數，嘗試不同的組合。把它放在其他作品旁邊，給你自己一個驚喜。

幾組常見的選擇如下：

輕柔—響亮

快—慢

高—低
亮—暗
大—小
曲—直
粗糙—平滑
前—後
裡—外
相同—不同

一個新的情境也許能創造出一件比你預期更有力的作品。那是在你沒有改變一個貌似不重要的元素之前，你根本無法想像的作品。

能量（在作品中）

⊙

是什麼激勵我們如此勤奮工作？是什麼促使我們完成某些作品，而非其他作品？

我們願意相信這是因為我們的熱情。在自我表達的陣痛中湧現的一種情感。

這種能量不是我們產生的。我們是被它捉住的。我們從作品中得到它。它包含著一種電荷、一種有傳染性的活力，把我們吸引。

那些透露出卓越潛力的作品具有一種電荷，我們感受得到，就像是雷雨前的靜電。這些作品消耗著創作者，佔據他們清醒時的思想與睡眠時的夢境。有時候，這些作品是藝術家活著的理由。

這種能量感覺起來，類似世界上另一種創造的力量：愛。

一種動能牽引，超越了我們理性的理解範圍。

在作品的早期，為了幫助選擇培育的種子，興奮感是必須觀察的內在電壓表。你正在處理某一顆種子，電壓表指針開始跳動，就表明這件作品值得你關注，值得你奉獻。它有潛力補養你的興趣，使你的努力值得。

你在實驗與加工的時候，隨著更多進一步的決定，更多能量電荷被激發出來。你會突然回神，發現自己忘了時間，忘了吃飯，遠離了外在世界。

其他時候，這個過程是一件苦差事。時間一分一秒慢慢走，你數著日子，直到作品完成。猶如囚犯在牢房牆上刻下記號。

請記住，你並不一定能夠接觸到作品裡的能量。有時候你轉錯了彎，電荷就不見了。或者你埋頭於細節，無法看到全貌。即使是在創作最偉大的作品，興奮感起伏不定也是自然的。

如果作品某一天令人興奮，但接下來很長一段時間並非如此，那可能是你經歷了一種虛假的指標。當喜悅的時刻彷彿已經是遙遠的回憶，作品感覺像是對過去某個點子的義務，這可能就表示你已經偏離太遠了，或者這顆種子實際上還沒有準備好萌芽。

如果能量耗盡，就要退後幾步然後重新投入於那股電荷之中，或者另外找到一個能夠產生興奮感的新種子。當藝術家或者作品已經沒有什麼可以給予對方的時候，藝術家自己看得出來，因為這是他們養成的技能之一。

所有生物都是互相連結的，相互依賴，才能生存。藝術作品也不例外。它使你感到興奮，這就引起了你的注意。而你的注意正是它成長必需。這是一種相互依賴的和諧關係。創造者與創造物相互依賴，才能茁壯。藝術家的職責就是跟隨這種興奮感。哪裡有興奮感，哪裡就有能量。而哪裡有能量，哪裡就有光。

最好的作品，
就是你對它感到興奮的作品。

結束以重新開始（重生）

⊙

卡爾・榮格（Carl Jung）夢想建造一座圓塔，在其中生活、思考、創造。這個形狀很重要，因為他認為，「圓形裡的生命是永遠存在並延續的」。

我們屬於一個持續的、互相連結的循環，這個循環有誕生、死亡、重生。我們的肉體化入泥中，帶來新生命，我們充滿能量的心靈回到宇宙，被重新利用。

藝術也存在於這種死亡與重生的循環中。我們藉由完成一個作品參與其中，以使我們重新開始。就像在生活中一樣，每一個結束帶來一個新的開始。如果我們完全被一件作品佔據，相信它就是我們此生的任務，那麼就沒有空間留給下一件作品生長了。

雖然藝術家的目標是達到偉大的境地，但也是為了前進。為了下一個作品，我們完成當前的作品。為了當前這個作品，我們完成它，這樣它就能得到自由，進入這個世界。

創作藝術的代價是分享藝術。曝露你的弱點是你必須繳納的手續費。

從這段經驗中，獲得重生，為下一個作品找到你內在的新意。也為了隨之而來的所有新作品。

每一位藝術家都創造了一段動態的歷史。一座活的博物館，由完成的作品組成。一件作品接著一件。開始、完成、發表、開始、完成、發表。一次接著一次。每一件都是一個印記，紀念時光中的某個瞬間。那是一個充滿能量的瞬間，如今永遠體現在一件藝術品當中。

一件藝術品本身不是終點，
而是旅途中的一站，
是我們生命中的一個章節。
藉由記錄它們的點點滴滴，
我們接受了這些轉變。

玩耍

⊙

創作藝術是一件嚴肅的事。
駕馭來自**源頭**的創作能量。
帶領創意，進入物質世界。
參與宇宙的創作循環。
反過來也是如此。創作藝術是純粹的玩樂。
每位藝術家的內心，都有一個孩子把一整盒蠟筆倒在地板上，尋覓最對的顏色，畫出天空。也許是紫羅蘭色，也許是橄欖色，也許是焦橙色。

我們身為藝術家，努力在嚴肅的事業中保持這種玩心。我們擁抱承諾的嚴肅性，以及製造過程中完全自由的玩心。

認真對待藝術，但不以嚴肅的方式進行。

嚴肅會給作品加上負擔，它錯失身為人類的玩心；人類存在於這世上所具有的混亂奔放；純粹為享受而享受的輕快。

在玩耍中，沒有任何利害、沒有界限、沒有對與錯、沒有生產配額。這是百無禁忌的狀態，你的精神自由奔跑。

在這種放鬆的狀態下，最好的點子往往最能輕鬆出現。

過早將重要性加諸作品，會激起謹慎的本能。反之，我們想要擺脫現實的枷鎖，避免一切類型的創作限制。

盡情實驗吧。弄得亂糟糟。擁抱隨機。玩耍時間結束後，我們成年人的一面就可能走出來分析：「孩子們今天幹嘛了？我想看看有沒有什麼好的，有沒有什麼意義。」

每天到場、製造東西、把它們拆開、實驗、讓自己驚喜一番。如果四歲小孩對某項活動失去了興致，就不會再努力完成它，或者強迫自己享受它。他們只會改變方向，開始其他的新探索、另一種型式的遊戲。

有些工作層面可能會日益乏味，在那樣的關頭，你是否能找回創作初期的精神態度？

有一次，我們在錄音室和一位藝術家做一首快節奏的曲子。我們決定試試木吉他，這就給我們增加了一條有趣的疊錄[21]。然後我們把其他

21 譯註：在原有音軌上增加新的音軌。

聲音關掉，只留下這條疊錄，單獨聽它，這又把我們帶往一個新的方向。每一次不同的替換，都產生一個新版本，沒有一個是事先計畫好的，也沒有依附於先前的概念。

到了最後，一版美麗的錄音出現了，它與這首歌的原始設想完全不同，只有允許現有事物為你提示一個新的可能，它才可能出現。沒有遵循計畫，而是無目的地走了一條路。

這樣的情況每天都能發生。找到線索，跟隨線索，不要拘泥於之前的事物。並且避免被五分鐘之前你做的決定所侷限。

回想一下，當你還是懷抱希望的新手，當你的器具還是新的，並且充滿奇異的吸引力。記住這種求知的魅力，記住你一開始邁步向前的快樂。

這也許是最好的方法，得以保持推動工作的能量，並能讓自己愛上這項練習，樂此不疲。

無論作品誕生是透過玩
或者透過苦難，
完成的品質都不受影響。

把藝術當作習慣（僧伽）22

⊙

如果你尋求的是讓作品養活你，那麼你可能要求太多了。我們創作是為了「服務」藝術，而不是為了從藝術得到什麼。

你可能渴望成功，認為成功可以讓自己不再從事一份沒有成就感的職業，並且能以自己的熱愛養活自己。這個目標自有其道理。但是，如果要在創作偉大藝術與養活自己之間做出選擇，藝術必須優先。考慮其它謀生方式吧；如果你仰賴以成功謀生，成功就更難實現。

對大多數人來說，藝術是一種不穩定的事業。經濟回報——如果有的話，往往會高低波動。有些藝術家對於自己要創作的東西可能有所設想，但是感到受限，因為他們不相信這能為自己付清食衣住行的帳單。有一份工作以支持你的藝術習慣，這是可以的。兩者都做，這是保持作品純粹的較好方式。

有些職位要求你付出時間，其他方面要求不多。為了保護你的藝術，你可以選擇一份把精神空間留給自己的職業，讓你可以形成自己對世界的創造性看法，並加以發展。

你的內容可能來自與你熱愛的事物沒有關聯的工作。了不起的點子往往源自意想不到的地方。許多令人難忘的歌曲，出自並不喜愛自身職

22 譯註：出家眾的團體。

業的人們之手。

還有一個選擇是在你熱愛的領域裡尋找謀生之道。也許是在藝廊、書店、錄音室、攝影棚。如果找不到與實際操作有關的工作，就問問是否可以讓你打工實習。

選擇靠近你喜愛的事物，你就能夠一瞥這一行的真實幕後。你可以觀察專業創作者的日常生活，從內部了解這個行業與其基礎架構。體驗它是如何運行的，然後你就可以知道這條路是否值得你投身。

即使一開始收入減少，但是選擇這類工作可能在日後帶來出乎意料的機會。

你也可以從事不相關的職業，給你提供保障，同時把藝術當作嗜好。把這份嗜好，視為你一生中最重要的事物。所有路徑都不分軒輊。

⊙

無論你選擇什麼，周圍有旅伴是很有幫助的。他們不一定要像你「一樣」，但是在某些方面與你志同道合。創造力有感染力。在我們與其它藝術人士相處的時候，我們吸收並交流一種思考方式。一種觀看世界的方式。這個團體可以被稱為「僧伽」。這種關係中的每個人都開始以不同的想像力的眼睛觀看世界。

無論他們的藝術形式與你的是否相同，都沒有關係。在一個由熱衷藝術的人們組成的社群裡，你可以與他們進行漫長的討論，互相交流作品的反饋，這會是一種滋養。

成為藝術團體的一員可以是生活中的一大樂趣。

自我的稜鏡

⊙

定義一個人的真實自我並不那麼簡單。也許是不可能的。

不斷變化的自我有著許多不同版本，這些版本都是我們的生活。建議你「做自己」可能太籠統了，沒什麼用。身為藝術家的你自己、與家人在一起的你自己、工作時的你自己、與朋友在一起的你自己、危急或者和平時刻的你自己，還有你獨自一人的時候，為自己而做的自己。

除了這些環境變化之外，我們的內在也在不斷變化。我們的心情、我們的能量高低、我們告訴自己的那些故事、我們的經歷、我們有多餓或者多累，所有這些變化，在每一刻都創造出一種新的存在方式。

我們一直在變化，這取決於我們跟誰在一起、現在是什麼感覺、身在何處、感到安全或者遭遇困難；我們在自我的不同面向之間移動。

我們也許有一個面向想要更大膽或者更顛覆，與它互相角力的一面則是比較隨和、避免衝突的自我。也許有一面是夢想家，渴望居住在遼闊壯美的世界裡，而我們務實的一面質疑我們實現夢想的能力，於是這兩方互相牴觸。

這些不同面向之間不斷協商。每次我們調整自己，與其中一面同頻，就會產生不同的選擇，改變我們的工作結果。

一束光進入一道稜鏡，會分解成許多顏色。自我也是一道稜鏡。中性的事物進入，會轉化為感情、思想、官能的光譜。這所有訊息，由自我的每一個面向分別處理；以自己的方式，折射生活的光，散發出不同的藝術色調。

因此，並不是每件作品都能反映我們的每一個面向。也許無論我們多麼努力，都永遠不可能辦到。但是，我們可以擁抱自我的稜鏡，繼續允許現實通過自己，形成獨特的折射。

就像萬花筒，我們可以調整畫面上的光圈，改變結果。我們可能從某個特定面向入手，像是擔任一個角色，並且從我們最黑暗的自我或者最靈性的自我之中創造出一些東西。這兩件作品不會是一樣的，但是都出自我們，都是真實本色。

我們愈能接受自己猶如稜鏡的本質，就愈能以不同顏色自由創作，也愈能信任自己在創作藝術時所擁有的不一致的本能。

我們不一定要知道為什麼某件事物是好的，或者懷疑它是不是正確的決定，或者它是否準確反映出我們。它只是我們的稜鏡在這一刻想要自然散發出的光。

你加諸自己的
任何框架、方法或標籤，
都有可能成為一種限制
也是一種開放。

順其自然

⊙

首先，不要造成傷害。

眾所周知，此一信條是醫師誓詞的指導原則。要把它當作一條普世的戒律。當你受邀參加其他創作者的作品，要謹慎行事。

一件作品的早期版本形式即使粗略，也可能擁有非凡的魔力。這種魔力是首要必須保護的。與其他人合作時，要把誓詞放在心上。

簡單地認可長處，也許就足以推動作品前進。一位朋友為我演奏了他目前的作品，尋求意見。在我聽來，這些音樂並不需要增加或修改。最後混音的時候，我建議跳過對音量及音色的常用精細修飾。這種套路只會沖淡一件傑作。有時候，合作者能提供的最有價值的貢獻，就是完全不做任何干涉。

合作

⊙

自我的三稜鏡，將我們存在的一個面向反映在工作中。使用一個以上的三稜鏡，就能解鎖意料不到的可能。無論這些觀點是否互相矛盾或補充，它們結合起來就成為一幅新的景象。

我們就稱之為**合作**（Cooperation）吧。

就和感知一樣，合作是一種修行。我們愈是熟練地參與這個過程，它就愈讓人輕鬆舒適。

合作可以比喻為爵士樂隊的即興演奏。四五位合作者，每一位都有自己的原創觀點，共同創造一個新的整體，根據當下的律動，直覺地起伏。你可以帶領演奏，或者讓自己被帶領，享受意料之外的驚喜。你可以獨奏一段，或者完全放空不彈，視何者對作品最有好處而定。

我們每一次合作，都接觸到不同的工作方式以及解決問題的方式，這樣能支持我們的創作過程繼續前進。

不要把合作誤認為競爭。這不是權力鬥爭，目的不是為了達到你的目的，或者證明自己是正確的。

競爭是為自我意識服務的。合作則支持最高等的結果。

把合作想成給予推力，或者得到推力，得以越過一道高牆，看到牆的另一邊。這個行動中沒有權力鬥爭。你只是在找出最好的路徑，前往一個新的視角。

不要估量我們對於作品的貢獻，這對作品是有害的。如果只因為某個想法是我們自己的，就相信它是最好的，這是一種缺乏經驗的錯誤。自我意識想得到的是個人的頭銜，犧牲藝術、膨脹自己。自我意識可能會拒絕看似違反直覺的新方法，並保護熟悉的老方法。

當我們不偏不倚，與我們自己的辦法分離開來，就會發現最好的結果。最好的點子中選了，無論它是不是我自己的，我們所有人都能受益。

⊙

每次我與藝術家合作，都有一個協議：

我們將持續創作，直到我們「每個人」都對這件作品滿意為止。這是合作的終極目標。如果某個人喜歡它而別人不喜歡，往往就是有一個潛在的問題需要注意。這有可能表示我們走得還不夠遠，作品還沒有完全發揮其潛力。

如果一位合作者喜歡選項A，另一位喜歡選項B，那麼解決方式不是選A或B。而是繼續努力，直到形成一個讓藝術家們都能感到它很優越的選項C。選項C可能包含了A的元素、B的元素、兩者都有的元素，或兩者沒有的元素。

當一位合作者向另一位讓步，為了繼續前進而屈服於一個不太合適的選擇，那麼每個人都是輸家。偉大的決定並不是出於犧牲；它是通過對現有最佳方案的共同認可而產生的。

如果你已經喜歡作品的當前型態，那麼努力讓它變得更好、讓每個人都喜歡，也不會有什麼損失。你並不是在妥協。你是在一起努力，以超越目前的版本。

⊙

我們也許無法與每一位夥伴平等地創作。有時候，才華橫溢的人們聯手，但是不知出於什麼原因，無法彼此共鳴。或許，其中有一位參與者沒法本著合作的精神一起工作，反而立下了競爭與說服的基調。

如果你與一位合作者的意見始終不一致，而且在做出許多版本之後依然無法產生特別的東西，那麼可能你們並不適合彼此。

同樣地，如果你與一位合作者「總是」意見一致，這可能也是錯位。我們並不是在尋找一個與我們思維相同、工作方式相同、品味相同的人。如果你與一位合作者在每一件事情上看法一致，那麼你們當中的一個人可能就是不必要的了。

想像一下，一束光穿過兩塊同樣顏色的濾鏡。無論是分開，還是合起來，產生的都是同樣的色調。而重疊兩塊對比的濾鏡，則會產生新的色彩。

在許多最偉大的樂團、群體及合作關係中，其偉大配方的一部份就是成員之間一定程度上的兩極對比。魔力來自不同觀點之間充滿動力的張力，比起一個單獨的聲音，如此能夠創造出更獨特的作品。

合作中的健康張力是常見的，摩擦使得火花降臨。只要我們不堅持一切按照己見行事，我們就歡迎這種摩擦。它讓我們更接近這件作品的最佳版本。

有些合作更像是獨裁，而非民主。這種體系也能運作。在這種情況下，每個人都同意支持一個人的觀點，並且盡力實現它。

無論最後的決定是出於一個領導者，還是出於所有人，這都是一項合作行動。參與者都是以合作的精神，獻出自己最好的作品。

⊙

溝通是熟練合作的核心。

提出意見時，不要針對個人。永遠要評論作品本身，而非創作作品的個人。如果參與者認為批評是針對他們本人，他們往往會封閉起來。

意見要盡可能具體。焦點集中在你所觀所感的細節。意見愈是有條不紊，效果就愈好。

「我認為這兩個區域的顏色互動得不好」比起「我不喜歡這些顏色」更有幫助。

雖然你心裡可能有一個具體的解決方案，但不要馬上說出來。對方也許會自己想出來一個更好的解答。

在接受意見的時候，我們的任務是把自我意識放在一邊，盡力了解對方的意見。當參與者建議某個具體細節可以改進，我們可能會誤以為整件工作都受到質疑。我們的自我意識可能把助力視為干擾。

語言是一種不完美的溝通方式，記住這一點是很有幫助的。一個想法會因為轉化為文字過程中的誤譯，遭到改動或淡化。當我們接受這些文字，這些文字又被我們的濾鏡扭曲，使得我們處於一個模稜兩可的世界。

這需要耐心與勤奮，才能越過「你以為自己聽見」的階段，更可能了解實際上說的內容。

接受意見的時候，一個有用的做法是重複對方所說的訊息。你可能會發現自己聽見的並不是實際上對方所說的。而對方所說的甚至可能不是他真正的意思。

提出問題，得以釐清。合作者耐心解釋自己關注的是工作的哪些方面，我們也許就能意識到自己的設想並不是對立的。我們只是使用了不同的語言，或者注意不同的元素。

分享我們的觀察時要具體明確，這樣能夠創造空間。它能夠消解情緒上的衝突力道，讓我們能夠為了作品一起努力。

一個群體的協同作用
比起個人的
才能——
即使不是更重要，
也是一樣重要。

真誠的窘境

⊙

大多數藝術家高估了真誠的價值。

他們努力創造藝術，以表達他們的真實。最真實的自己。

但真誠是一種具有迴避性質的特徵。它與我們其他嚮往的目標有所不同。如果偉大是值得我們追求的目標，將目光放在真誠上可能會適得其反。我們愈想達到真誠，它就會離我們愈遠。如果一件作品標榜自己真誠，它可能會被視為人工糖精、打折扣的甜味、賀卡上空洞的祝詞。

在藝術中，真誠是副產品。不能把它當作首要目標。

我們喜歡認為自己是始終一致、理性的人類，擁有某些非黑即白的屬性。但是一個始終一致、沒有任何矛盾的人，就顯得不太真實。像是木頭、塑膠。

我們最真實而且最不理性的面向往往是隱藏起來的，而我們通過藝術創作就能接觸到這些面向。每件作品會告訴我們，我是誰，而且觀賞者往往比我們自己更早理解作品訴說這件事的方式。

創造是一個探索的過程，去發現隱藏在其中的材料。我們並不是每次都能找到。即使我們找到了，對我們來說也可能是不可解的。一顆種子吸引我們，是因為它含有某種我們不了解的東西，而我們對這顆種子的了解，頂多就是這種模糊的吸引力。

自我的某些面向不喜歡被直接接觸。它們喜歡以自己的方式，間接地出現。就像在偶然的時刻捕捉到的一瞥，就像陽光在水面的粼粼波光。

這些幻影不適用普通語言輕易表達的詞句。它們是超凡的，超越庸常。一首詩可以傳達散文與對話無法傳達的訊息。

而所有藝術都是詩歌。

藝術比思想更深刻；比關於你自己的故事更深刻。

它穿破內在的圍牆，碰觸牆後的東西。如果我們讓路，讓藝術自己發揮，就可能產生我們尋求的真誠。而真誠看起來可能與我們預期的完全不一樣。

一切能讓觀賞者了解
你如何看待這個世界的東西
都是準確的；
即使它的訊息是錯的。

守門人

⊙

無論你的點子從何而來，無論你的點子看起來如何，最終它們都要通過你的某個面向：編輯、守門人。

無論你有多少樣貌的自我參與了作品的建構，這個面向能夠決定作品的最終表達方式。

編輯的功能是收集並篩選。放大不可缺少的東西，削減多餘的。將作品精簡至最佳版本。

有時候，編輯發現一些漏洞，派我們去收集資料來填補。其他時候，編輯會在大量的訊息之中去掉不需要的部分，以顯露完成的作品。

進行編輯是一種品味的展示。表達品味並不是指出我們喜歡的事物：我們覺得悅耳的音樂或我們重溫的電影。我們的作品是如何創建的，這件事才顯示了我們的品味。哪些事物被包括在內，哪些事物被排除在外，各片段又是如何被組合在一起。

你也許會被不同的節奏、顏色、圖案所吸引，但它們可能無法和諧地在一起表現。這些片段必須在容器中合為一體。

容器是作品的組織原則，它決定了哪些元素是否屬於這裡。適合宮殿的家具，在修道院裡就可能毫無意義。

編輯必須把自我意識放在一邊。自我意識會驕傲地附著在作品的每一個元素上。編輯的功能是保持超然，目光超越這些激情，找到統一與平衡。有天賦的藝術家如果不善於編輯，他們的工作可能會與其水準不符，無法實現其天賦帶來的期望。

要避免將內在批評與編輯的冷峻超然混為一談。內在批評懷疑作品、破壞它、放大並挑剔它。編輯則是後退幾步，全面看待作品，支持其全部潛力。

編輯是詩人中的詩人。

⊙

當我們的作品接近完成，一個有幫助的做法是大幅削減作品，只留下必要部份，進行「無情的編輯」。

到目前為止，創作的大部份過程都是加法。所以可以把這看作作品的減法部份。這通常發生在所有建設已經完成，所有選項也已經用盡之後。

通常人們認為編輯工作是修剪，是切掉脂肪。無情的編輯卻並非如此。在這一步，我們決定什麼是必須存在的，什麼是完全必要的，讓作品依然是它自己。

我們的目標不是根據最終長度而削減作品，我們做的是超越最終長度的要求而削減作品。即使修掉百分之五就可以讓作品達到你想要的程度，但我們也許會挖得更深，只留下一半或三分之一。

如果你正在做一張十首歌的專輯，而你錄了二十首歌，那麼你的目標並不是削減到十首。你要縮減到五首，只留下沒有它你就活不下去的曲目。

如果你寫了一本超過三百頁的書，盡量把它削減到一百頁以下而不失去精髓。

除了深入作品的核心，我們還藉由這種殘酷的編輯，改變了自己與作品的關係。我們終於了解它的深層結構，明白什麼是真正重要的，從創作它的執著中脫離出來，看到它的本質。

每個組成部份都有什麼效果呢？是否放大了精髓？是否分散了對精髓的注意力？對平衡有貢獻嗎？對結構有貢獻嗎？是絕對必要的嗎？

去掉多餘的外層之後，也許你往後站幾步，注意到這件作品最簡單的型態其實就是成功的。或者，也許你感覺想要恢復某些元素。只要你能保持作品的完整，這就只是個人品味的事了。

值得花點時間，觀察一下你加回去的東西是否真的加強了作品。只有為了更好，我們才會尋求更多。

我們的目標是讓作品達到這樣的程度：當你看到它，你知道它是不可能以其他方式處理的。有一種平衡感居於其中。

從容優雅的平衡感。

將你投入了大量時間和精力的元素拋諸腦後並不容易。有些藝術家愛上了自己打磨的所有材料，即使放棄某一項元素會讓作品整體變得更好，他們也拒絕這麼做。

查爾斯・明格斯（Charles Mingus）[23]說，「把簡單搞得複雜，這很平常。把複雜搞得簡單，了不得的簡單，這是創造力。」

23 譯註：美國爵士貝斯手、作曲家，一九二二～一九七九。

身為藝術家
就是不斷質問：
「怎麼樣才能讓它更好？」
無論「它」是什麼。
也許是你的藝術，
也許是你的人生。

為什麼創作藝術？

⊙

當你深入參與創造力的修行，你可能會忽然發現一個悖論。

歸根結柢，自我的表達的行爲並不是真正關於你自己。

大部份選擇了藝術家道路的人們並沒有選擇餘地。我們感到自己不得不參與，彷彿出自某種原始本能，猶如在沙灘上孵化的海龜受到召喚回到大海。

我們跟隨這種本能；如果拒絕它，則令我們感到喪氣，似乎違反了自然。如果我們將焦距拉遠，就可以看到這種盲目的衝動始終存在，引導著我們的目標超越自己。

在我們感到作品正在成形的那一刻，有一股湧動，接著是一種分享的衝動，希望在別人身上也能看見這種神祕的情感力量。

這是自我表達的召喚，是我們的創作目的。我們並不一定要了解自己，也不一定要被他人了解。我們分享自己的濾鏡、觀看的方式，以期待在他人身上激起迴響；藝術是無常生命的迴響。

身為人類，我們來去匆匆，而我們能夠創造作品，使之成為我們這個時空的紀念碑。這些作品是對存在歷久不衰的肯定。米開朗基羅的大衛、最早的洞窟壁畫、兒童的風景手指畫——都呼應著人類的同聲吶喊，就像廁所隔板上的塗鴉：

我來過這裡。

當你把自己的觀點獻給世界，其他人就能看見它。它通過其他人的濾鏡折射出來，再次發散，這個過程持續不斷。將這一切集中，它創造了我們所體驗到的現實。

無論看起來多麼微不足道，每件作品在這個更大的循環中都有自己的一席之地。這個世界持續展開；大自然甦生、藝術進化。

我們每一個人都有自己觀看世界的方式，這可能導致疏離的感覺。而藝術能夠連結我們，超越語言的限制。

透過這種方式，我們能夠向外展現自己的內在世界，去除隔離的界限，一起盛大銘記我們來到此生所知的一件事：區別不存在，我們是一體。

我們活著
是為了在世上表達自己。
而創作藝術
可能是最有效且最美的方式。

藝術超越語言，超越生命。
它是普世的方式，送出訊息
在彼此之間，穿越時間。

和諧

⊙

符合數學原理的無形線條，貫穿了所有自然界的美。

我們在海螺與銀河系的螺旋中，都能找到相同的比例。在花瓣、DNA分子、颶風、人臉的設計中。

某些比例創造了神聖的平衡感。

我們對美的參照是大自然。當我們在創作藝術的時候遇到這些比例，它們能安撫我們。這些最令我們驚歎的關聯，激發了我們的創作。

帕德嫩神廟、大金字塔、達文西的《維特魯威人》（Vitruvian Man）、布朗庫西的《空間之鳥》（Bird in Space）[24]、巴哈的《郭德堡變奏曲》、貝多芬的《第五號交響曲》，這些作品都仰賴自然界中的同一個幾何圖形。

宇宙擁有一種和諧感，一個美麗深刻、互相依存的系統。當你拉開距離，從某個你已經從事一段時間的作品之中後退幾步，並且辨認出一種之前你從不知道可能存在的對稱性，你很可能感到平靜的滿足、一種內涵平靜的興奮。秩序出現了，和諧的共鳴得以被感知。你是這個複雜機制的參與者。

在音樂中，和諧的規則是有公式的。每一個音符有一個波長，每一個波長與其他波長有特定關係。遵循數學原理，可以計算出這些音波的和諧配對。

一切元素都有波長：物體、顏色、思想。當我們把元素結合起來，就產生了新的振動。有時候這個振動是和諧的，有時候是不和諧的。

我們用不著懂數學，就可以從這些振動創造出有力的作品。對某些人來說，懂數學反而破壞了自己的自然直覺。我們調整，與自己同頻，以此感受和諧。只有在事後我們才試著以智性解釋它。

對於無法自然了解這一切的人來說，只要有時間，這是可以培養起來的。透過精練後的同頻能力，你可以對這些自然的共振變得敏銳，更敏銳地感覺到平衡的事物，辨認出神聖的比例。當你在創造作品或者完成一件作品的時候，會有更清晰的認識，聽見一種和諧的聲音。有一種

---

24 譯註：羅馬尼亞藝術家，一八七六～一九五七。《空間之鳥》為其一系列雕刻作品，由大理石及黃銅造成。

調和感，一致性；各個元素融合在一起，成為一個整體。

一個偉大的作品並不一定要和諧。有時候，藝術的意義在於表現不平衡，或者創造一種不安的感覺。

在一首歌裡，當你聽見某個不和諧的和弦突然降調，會有愉悅的效果。這就是為什麼不和諧的選擇也可能很有趣味。它製造了張力並釋放，把我們的注意力吸引到原本可能沒有發現的和諧上。

當我們與自己創作中的基本和諧原則更深入保持一致時，我們也許能在自己的目光所及之處辨認出這些原則。透過在特定領域的工作，我們的品味在總體上也愈來愈精練。

如果我們無法辨認周圍宇宙的和諧，可能是因為我們沒有接收足夠的資訊。如果我們把焦距調整得夠遠，所有事物的交織本質就會顯得更清晰。

畫布上的每一個微小筆觸，自身無法跳出來看清整幅畫面，同樣地，我們也無法看清周圍所有方向的關係與平衡組成的廣大整體。

我們無法理解宇宙的內在運作，這一點也許正好讓我們與宇宙的無限性更加協調。魔力不在於分析或理解；魔力活躍於我們未知的奇蹟之中。

為論你用什麼框架把自己定義成一名藝術家，
那個框架都太小了。

我們說給自己的故事

⊙

我們會講一些和自己有關的故事，
也會講一些和我們無關的故事。
我們會講一些和作品有關的故事，
也會講一些和作品無關的故事。

我們所有讓自己與自己的藝術易於理解的努力，都是煙幕，反而造成模糊。它們並不會照亮真實，還會誤導我們。我們沒有辦法知道到底什麼是無足輕重的、什麼是必要的，又或者我們的貢獻有何意義。

我們會給自己各種說法：關於我們是誰、作品是如何創作的。但是這些都不重要。

重要的是作品本身。真正被創作出來的藝術，以及它如何被看待。

你是你。

作品是作品。

每一個觀賞者都是他自己。獨一無二的自己。

這其中沒有任何一方可以被真正理解，更別說從中提煉出簡單的方程式或者共同語言。

在任何一個時刻，我們都有數以十億計的資料數據（data point）可用，但我們只收取其中的一小部分。我們在以管窺天，卻組裝出詮釋，為我們的收集再新加一個故事。

每次我們告訴自己一個故事的時候，我們就在破壞可能性的面貌。現實的邊界也被限縮。自我的空間被一道道牆隔開。為了適應我們採用的一些憑空揑造的架構原則，所有的真相都崩解了。

身為藝術家，在我們會受到感召要一次又一次放下這些故事，並且毫不懷疑地信任那吸引我們一路走來的奇異的能量。

藝術作品是所有元素匯集之處：宇宙、自我的稜鏡、將思想轉化為實體的魔法與鍛鍊。就算這一切帶給你矛盾，帶你進入看似無法逾越或不可知的領域，也不表示這一切是不和諧的。

即使在可以感受到的混亂中，也有秩序與規律。宇宙有一股暗流貫穿萬事萬物，再廣袤雄偉的故事都不足以訴說得盡。

宇宙
從不解釋原因。